AF718122

Yo, Pedro

Pedro Suárez-Vértiz

Yo, Pedro

Planeta

Este libro no podrá ser reproducido, ni total ni parcialmente, sin el previo permiso escrito del editor. Todos los derechos reservados.

Yo, Pedro
©2013, Pedro Suárez Vértiz
©2013, Editorial Planeta Perú S.A
Av. Santa Cruz 244, San Isidro, Lima, Perú.

Diseño de cubierta: Roni Heredia
Diagramación: Daniel Torres
Cuidado de edición: Gracia Angulo
Edición: Mayte Mujica

Primera edición: julio de 2013
Tiraje: 14.000 ejemplares

Primera reimpresión: julio de 2013
Tiraje: 10.000 ejemplares

Segunda reimpresión: agosto de 2013
Tiraje: 12.000 ejemplares

Tercera reimpresión: agosto de 2013
Tiraje: 10.000 ejemplares

ISBN: 978-612-4151-87-3
Registro de Proyecto editorial: 31501021300116
Hecho el Depósito legal en la Biblioteca Nacional del Perú: 2013-11492

Impreso en Quad/Graphics Perú S.A.
Lima - Perú

A Cynthia, Mariajose, Salvador y Tomás.
Las razones de mi vida.

Gracias a Dios, mi madre, Maria Fé Suàrez Vértiz,
Robelo Calderón, Angeles Castaneda, Annietere Bonnet,
Barbara Martinez, Alvaro Manrique, Marita Parodi,
Alfonso Nieri, Flavia Badani, Luis Eduardo Garvan,
Fiorella Espejo, Eduardo Lavado, Séneca de la Puente,
Mariana Cazorla, Calin Ramirez, Meredith Renterìa,
Donald Jones y Lupe Jones, Solange Freire, Marianella
Fratelli, Fernando Magill, Melissa Mussio, Sergio
Vilela, Karsten y Sabina Kunckel, Amparito Rodriguez,
Ivan Ramos, Maricarmen Alfaro, Edward Malaga,
Tomas Vera, Angel Garcia Lorite, Fernando Carballo;
Jose Luis Gadella, Alida Juliani.

EL FUEGO SAGRADO

Prólogo por Jaime Bayly

UNO

Un hombre casado y con tres hijos se harta de su vida, enciende una fogata y quema todos sus documentos de identidad. Ha decidido escapar, destruir su pasado, vivir una vida libre de ataduras familiares y cuentas por pagar. Antes de irse a vivir a las montañas, pasa a buscar a su mejor amigo y le regala su auto. Podría dejarle el auto a su esposa y sus hijos, que no tienen otro carro, pero prefiere tener ese gesto con su mejor amigo, que también sueña con escapar y ser libre, ser otro, alguien mejor. No volverán a verse. El hombre sin documentos ni auto ni familia pasará dos décadas viviendo como un fantasma en una casa frente al río hasta que los terroristas lo matan pensando que es un gringo malo explotador. El amigo con el auto del esposo fugitivo no tendrá mucho tiempo para disfrutar del auto ni extrañar a su amigo prófugo, un cáncer se ensaña con él y acaba con su vida. En la circunstancia absurda de morir, ambos se recuerdan con el amor viril de los amigos inmortales y recuerdan ese momento, la hoguera, los documentos incinerados, el auto regalado en perjuicio de la esposa, como el momento cumbre de su amistad y acaso de sus vidas, el momento en que se atrevieron a hacer lo que les daba la gana, dijeran lo que dijeran los demás. El hombre que quema sus documentos y abandona a su familia soy yo o fue mi padre, creo que fui yo en una de mis vidas anteriores. El hombre que se quedó con el auto fue Pedro, creo que fue Pedro antes de ser

Pedro o fue el padre de Pedro.

DOS

Un hombre y su amigo se hacen famosos. El hombre es famoso por la televisión y por sus libros escandalosos. El músico es famoso por sus canciones rompedoras. Son jóvenes, quién podría detenerlos. No les basta conquistar su país, quieren todo, y todo rápido, ya. Para tener éxito tienes que ser una perra, lo dicen los que saben.

Y para ser una perra tienes que tener una ambición indestructible y un instinto depredador: si no te comes al pez chico, te comerán a ti. Conspiran juntos, traman reuniones, apuntan al éxito mayor. Todo fluye, promete. Cuando les toque enfrentar la próxima muerte, no estaría mal que prendieran una fogata, quemaran los últimos documentos de identidad y se echaran a bailar como dementes. Luego no se apurarían en morir y se irían, con sus esposas y sus hijos, a vivir en las montañas, lejos de la vigilancia despiadada de las cámaras de prensa. No se atropellen, no les pidan una muerte inminente, todavía hay muchas cosas por quemar y fisgonear. El músico se ha quedado mudo, el escritor ha perdido parte de la vista, y sin embargo ambos siguen pensando en el camino para redimirse y componer una obra de arte.

¿CÓMO NACE ESTE LIBRO?

Estoy sentado en una silla de playa dentro de mi dormitorio, con una bandeja que encaja perfectamente sobre los posabrazos de la silla y sobre ella mi *Laptop*. Acaban de llamarme de Planeta, la editorial interesada en mi primer libro, y sugieren que antes de hacer cualquier novela exponga todas mis impresiones y sensaciones sobre el hecho de no dar conciertos hace más de un año y los motivos de mi alejamiento de los medios.

Es más, ayer acabo de lanzar la noticia de que presento un libro este año. Todos mis seguidores en el Facebook me preguntan de qué tratará. ¿Cómo decirles que no tengo ni idea? Decir que vas a sacar un libro no significa para nada que ya tengas el libro escrito o que hayas empezado a escribirlo. Es solo el aviso de una meta que te has propuesto. Lancé la noticia sin tener una sola línea hecha. Igual que con las canciones. Porque en la música anuncias álbumes sin haberlos empezado a componer ni a grabar. En ese oficio, la premura por lanzar un nuevo disco antes de que la gira de conciertos empiece hace que compongas mejor, más rápido y con mayor espontaneidad. Si te das mucho tiempo para crear, revisas demasiado el trabajo final, y lo retocas y retocas y la obra empieza a degenerar hacia la frialdad. Empiezas a olvidar que el público quiere escuchar o leer sentimientos frescos nada más, no modelos de gramática ni arreglos musicales matemáticamente perfectos.

El arte, para mí, debe ser profundo y entretenido Para eso necesitas, al igual que cuando cocinas, saber retirar las cosas a tiempo. Ni antes ni después. Mis editores me sugirieron ensayar ideas hasta encontrarme con alguna que pueda extender hasta volverse un libro. Pero la verdad es que se me ocurrieron tantas ideas para hacer libros que he decidido ponerlas todas en esta primera entrega. Para ser sinceros nunca he sido un tipo ordenado. Responsable sí, pero jamás ordenado. No es momento de cambiar. Mi estilo me ha generado aceptación en la música y en entrevistas. ¿Por qué no experimentar el llevarlo a la escritura? Así que aquí estoy intentando dejar textos calientitos, sinceros y espontáneos, porque pienso que esa es mi única ventaja hasta que aprenda a escribir libros de mejor manera y con más oficio.

Lo que tienen en sus manos en este momento es en realidad un compendio de opiniones, fantasías y anécdotas. Irracional miscelánea que tiene a su favor el estar escrita por un hacedor de álbumes de música. El balance y la armonía que se aplica cuando en un disco ordenas diez canciones que hablan de diferentes temas es la misma filosofía que utilicé al escribir estas líneas. Pero, bueno, debo empezar ya y salir a explicar todo de una vez y al detalle con respecto a la búsqueda de nuevas facetas en el arte para mí. Pasado ese tapón, nos aligeraremos más y podremos conversar más tranquilos sobre ochenta mil cosas. Empecemos.

Hablando Claro

HABLANDO FUERTE Y CLARO

Muchos Saben quién soy. O, al menos, saben a qué me dedico. Para mi bien o mi mal, soy una persona pública. He dado conciertos dentro y fuera del Perú ininterrumpidamente desde julio de 1988 hasta agosto de 2011. Meses antes de mis últimos *shows* admití en un programa dominguero de reportajes que tenía un problema de dicción, es decir, de mala vocalización. Lo hice porque siempre he hablado de mi vida abiertamente. Me pareció amigable y responsable contarlo. Había firmado con la disquera Warner España y estaba desarrollándome muy bien en ese país. Pasaba un mes en Lima y otro allá, en Madrid, con mucho movimiento en televisión y radio. Pero, sobre todo, muchos conciertos. Me había costado varios años tener una presencia integral en el extranjero, es decir, con mi música en el escenario, el disco en la tienda y mis videoclips y entrevistas en la tele. Todo andaba sobre ruedas.

Hasta entonces había manejado mi carrera cómodamente desde Lima y Miami, grababa discos y visitaba todos los países de América para promocionarlos. Sony era una disquera muy poderosa y sus sedes mundiales obedecían toda orden que viniera de la oficina central de Miami o Nueva York. Así obtenía una extensa difusión internacional de mi música y la venta de discos, que me mantenía vigente como artista de la compañía. Hasta ahora no puedo creer que haya ganado desde la comodidad de mi casa premios en Panamá, México y España sin haber siquiera vivido allá.

Me mandaban en vuelos de primera clase a todos los países y pagaban estudios de lujo para grabar mis discos, además de producir videos carísimos con los mejores directores. Toda esta inversión es la típica antesala para generar una supervenía internacional que generalmente ocurre con el tercer disco.

Yo andaba en el segundo álbum producido por Sony, pues el primero lo hice yo mismo y ellos solo lo firmaron. Pero la piratería fonográfica, a raíz del boom de los quemadores de discos compactos domésticos, arremetió con todo y redujo a cenizas las compañías discográficas. Un disco original costaba cincuenta nuevos soles y uno pirata, dos nuevos soles. Sony Discos de Miami y Sony Perú cerraron. Esto me obligó, después de años de andar atrapado en una compañía que ya no existía, a migrar a Warner España, que ya no era una disquera poderosa por la caída del mercado, y firmar como artista local. Por eso me instalé en España a comenzar de nuevo. Y lo hice con el pie derecho. Todo iba viento en popa. Estaba empezando de nuevo, pero tenía una carrera muy conocida en Latinoamérica que me dejaba un excelente repertorio para hacer conciertos y mucha información de respaldo en internet. Warner se portó muy bien conmigo. Viajé a España, a Miami, a Los Ángeles, a Nueva York, y estaban felices por la difusión que mi manager desde las épocas de Arena Hash, Robelo Calderón, había conseguido. En pleno auge profesional, confesé mi problema neuromuscular en el Perú. Hay un fenómeno en las personas públicas que solo es explicado en los registros históricos con una frase insuficiente: «el precio de la fama». Este fenómeno resulta del hurgamiento de los problemas de los famosos bajo la absurda excusa de que estos hechos son de interés público. La verdad, nunca he tenido mayores problemas con la prensa. Conozco su trabajo y lo he estudiado inclusive en la universidad. Siempre he dado largas entrevistas, mis premios han sido noticia, he presentado álbumes nuevos, las canciones ranqueadas, he realizado campañas de ayuda, recibido condecoraciones y realizado giras internacionales. Pero todo cambió repentinamente. Los noticieros se volvieron más sensacionalistas que antes y sus columnas de farándula ampliaron sus segmentos y contenidos en todos los canales.

Ese mismo año venía de llenar conciertos en todo el Perú, además de Europa y Estados Unidos, e iba a dar dos grandes conciertos de cierre triunfal en Lima. Mi sorpresa fue grande al ver cámaras gigantescas, y no las Handycam de siempre, enfocando mi boca durante absolutamente todo el concierto. Mis amigos, los reporteros, me confesaban que la orden era clara: grabar el más mínimo defecto en mi dicción para alrededor de eso hacer un reportaje. No lo podía creer. Se me vino a la mente toda esa teoría de que las noticias exitosas al cabo de mucho tiempo generan monotonía. Y presentí que así llenara todos los coliseos del mundo, o tuviera más éxitos musicales, o fuera condecorado, harían informes dándole vueltas y vueltas a mi problema.

La salud es un tópico infalible, porque en los reportajes puedes barajar muchas posibilidades, nombrar terribles enfermedades, invitar a doctores a sugerir los más descabellados males; en fin, hacer mil cosas melodramáticas que llaman mucho la atención. Lo difícil es que si eres el personaje en mención no puedes actuar con la tolerancia con la que lo hacías antes, porque escuchar tanta falacia sí te afecta anímicamente. Y como el enemigo número uno de mi problema son las tensiones, concluyes que la fama empieza a dañarte seriamente. Eso me pasó a mí.

Antes era mejor dejar que los medios se saturaran con el escándalo, la gente se cansaba de la noticia y luego la olvidaba. Pero hoy las cosas han cambiado: existe internet y ahí se perenniza todo. No era justo entonces que una carrera musical tan extensamente difundida en medios, como la web, fuera empatada por morbosas notas esparcidas en YouTube, redes sociales y portales de programas televisivos hablando o mostrándome con fallas físicas. En ese momento decidí no alimentar ese inevitable fenómeno y detuve toda presentación por el bien de mi imagen, de mi música y, principalmente, por el bien de mi salud.

Así que desde el comienzo no regalé imágenes explotables y por eso cancelé toda aparición. Hasta hoy tengo ganas de declarar, de volver a contactar directamente al público, de conversar con mis amigos periodistas, pero mi mensaje jamás sería más llamativo que mis defectos al hablar. Y eso sería penosamente explotable.

Tanta susceptibilidad de mi parte no es por una cuestión de capricho. Los desórdenes neuromusculares se complican muchísimo con las tensiones. Debo alejarme de las tensiones o alejarlas de mi vida. Debido a que no salgo a declarar, los reportajes en los medios donde se especulaba sobre mi estado de salud resultaron demoledores a nivel anímico para mí. Eso es lo más lamentable de mi problema: que mi sistema nervioso afecta mi calidad muscular.

Recuerdo que hace años, en un viaje, me cambiaron de asiento en el avión por uno mejor ubicado. Esto lo hicieron desde la entrada de la nave. Pero, ya adentro, una tripulante que no estaba al tanto me llamó la atención para que volviera a mi asiento original. El pudor por el pequeño incidente me tensionó tanto que no le pude contestar para explicarle. Ese día descubrí que tenía algo más allá de un problema de estrés. Un problema anímico no era suficiente para causarme tal bloqueo.

Me consolaba pensando: «Bueno, a otras personas con tensiones les da diarreas, sudoraciones, hasta anorexia o impotencia. Quizá a mí se me manifiesta de esta manera». Fui al neurólogo y pasé un examen completo. No tenía ninguna anomalía en ninguna parte del cuerpo y mi coordinación estaba perfecta. Se me ordenó igualmente una tomografía para completar el descarte. Las placas salieron limpias. Eso significaba que no había tumores, ni hidrocefalias ni nada anormal. También se me ordenó una revisión de tiroides, porque a veces un problema de tiroides genera disartria. Al final no tenía nada de eso. Quedé feliz y tranquilo. Solo se me recomendó ver a un psicólogo.

Seguí la recomendación y llegué adonde una psicóloga muy buena, extremadamente experimentada, quien trabajaba también como psicóloga forense. Es decir, diagnosticaba a gente metida en problemas legales y descartaba en tiempo récord si estaban psicológicamente bien o no. Era muy acertada, con mucho instinto. Nuestras conversaciones eran largas y muy interesantes. No halló traumas ni incoherencias en mí, quizá un poco de cansancio por tanto viaje. Tampoco se me diagnosticó depresión ni nada parecido. La verdad, esperaba algún tipo de desarreglo psicológico para atacarlo con medicinas o terapias, y así recuperar mi buena vocalización. Pero nada de eso ocurrió. Estaba psicológicamente perfecto. Decidí continuar con mi vida y asumir que mi problema era puramente un descuido o una dejadez o producto de la falta de sueño.

Había ido a todos los doctores y clínicamente no arrojaba síntomas de ningún otro mal. Y eso fue lo que le conté a la prensa.

En ese entonces, era muy remoto pensar o asumir que tenía un problema motor, es decir, no una falla en el cerebro ni en el músculo, sino en el nervio que conecta a ambos. Para descartar un problema motor se necesitaban más evidencias corporales, esto es, descoordinación o debilidad muscular en las extremidades, el equilibrio, visión, oído u otras. Y yo no tenía nada de eso. Además, la posibilidad de un problema motor es muy remota. Y a mi edad, menos. Sin embargo, luego de una entrevista televisiva de esas en donde la gente decía: «Pedrito está estonazo», una amiga me llamó y me dijo: «Mi papá quiere conversar contigo». Su padre es neurólogo y, la verdad, aunque yo ya había agotado todas las posibilidades, este señor había visto algo muy particular. En medicina, tanto como en el arte, el instinto, el presentimiento o el ojo clínico a veces son las mejores evidencias para iniciar un diagnóstico. Sobre todo con un problema como el mío, que aparentemente no tenía fundamento físico.

Acabé mi verano tranquilo. En febrero de 2011 tuvimos una excelente temporada de conciertos en el auditorio del bulevar de Asia. Ya en Lima me decidí a regañadientes ir una vez más a un consultorio. Ya estaba un poco harto de tanto análisis. Pero este neurólogo había seguido mi conducta en varias entrevistas y, por lo visto, ya sabía lo que yo tenía. Tuve la suerte de que había trabajado en Baltimore, Estados Unidos, como especialista en este tipo de desórdenes raros. Era un experto. Simplemente me pidió una resonancia magnética, que consistió en meterme a un tubo gigantesco con un sonido vibrante, grave y sordo que solo hacía peor la claustrofobia. Mientras, mi esposa leía en una silla. La sentía muy preocupada por cuán agobiado podía estar yo. El resultado volvió a salir cien por ciento negativo. El doctor se lo esperaba.

La prueba determinante de que sufría un desorden motor fue la electromiografía. Es un examen en el que te clavan agujas en varias partes del cuerpo para medir la efectividad de tu conducción nerviosa. En ese examen se halló el problema en su etapa más incipiente. Los resultados mostraban mínimas irregularidades en la transmisión nerviosa a los músculos bulbares, que son los del cuello para arriba, y que comprometen la correcta funcionalidad de los músculos básicos del habla. Eso generaba una debilidad muscular o parálisis parcial en esa zona, la que impedía que pronunciase al cien por ciento.

El médico me informó todo en la siguiente cita y me dijo que ninguna de las enfermedades neuromusculares tiene cura. Que con la llegada de los cuarenta años y en adelante se evidencian cada vez más, que hay miles de tipos, que son de por vida y que debo aprender a vivir con ello. En castellano no hay un nombre para lo que los doctores dicen que tengo. En inglés se les llama a este grupo de desórdenes motores MND, es decir, motor neuron diseases. Hay unos leves, otros moderadas, otros mortales, pero todos crónicos. Por esto, aunque mi caso era aún de origen leve, el chequeo debía ser regular, pues como su origen son los desórdenes del sistema nervioso, el desarrollo de la enfermedad es impredecible.

Me dijo que había ventajas en que mi caso fuera de zona bulbar, pues su evolución es muchísimo más lenta que las de origen espinal. Me recomendó antioxidantes, gimnasia y buen ánimo. Añadió que mi MND era totalmente atípica y que eso jugaba a favor. Esa misma tarde debía cantar en el estudio y con mi esposa partimos a grabar. Yo estaba en shock. Le dije al doctor antes de salir: «¿Me voy a morir?», y me contestó: «No sé de qué morirás algún día». Inteligente respuesta. Le pregunté si podía continuar con mi vida y me dijo que la siguiera con total normalidad. Luego me dijo: «Mi abuela y mi madre fallecieron por una enfermedad que tampoco tiene cura. Yo también la tengo y no me hago bolas. Tendrás siete días malos, pensativos, sensibles, y luego todo volverá a la normalidad». Entendí que tenía algo desconocido, de evolución incierta, que la ciencia sabía muy poco. Esa misma tarde decidí no'gastar un voltio en preocuparme, ni preguntarme: «¿Por qué a mí?».

Mis terapistas fonoaudiólogos y respiratorios me sugirieron que no hiciera tanto trabajo de pesas como lo hacía antes en el gimnasio. No era conveniente porque los músculos en los desórdenes motores suelen destonificarse y por eso mi rostro puede lucir a veces un poco más delgado. Esto no se debe a la falta de alimentación: es meramente adelgazamiento muscular, añadido al hecho de que he tenido que dejar de ir cinco veces por semana al gimnasio para ir solo dos, y he reducido mis pesos a la mitad. Obviamente mi volumen muscular ha cambiado. Si bien luzco joven y eso es una gentil bendición de Dios, la verdad es que ya pasé los cuarenta años hace rato. Ya no debo mantener el training deportivo que siempre he llevado, pues consumiría mucha masa muscular.

Continué con mi vida sin mayor problema. La incertidumbre de cuánto podía empeorar o qué otras zonas de mi cuerpo podían afectarse nunca me perturbó. Averigüé mucho sobre el tema en internet y tomé todas las precauciones. Tengo un hogar hace veinte años y he sabido soportar todo tipo de problemas y preocupaciones con el fin de no perturbar ni de transmitirles tensiones a mis hijos o a mi esposa. Y así tomé el asunto. Supe hacer todo a un lado y comportarme como una cabeza de familia. Hasta me sentía orgulloso de mis logros como timón de la familia y eso me llenaba de ánimo. El hogar es lo único que realmente te vuelve sobrenatural.

Obviamente, si ustedes ya están mareados con la compleja explicación que les he dado sobre mi problema, ya se imaginan lo que es para mí explicar todo este rollo a quienes me preguntan con sencillez: «¿Qué tienes?». Me lleva por lo menos media hora explicarlo. Y así con cada persona varias veces al día todos los días. Esa misma razón es la que hizo que yo no pudiera al principio explicar el origen y razones de mi problema directamente a la prensa. Nadie lo entendía y, por lo tanto, no podían hacer reportajes al respecto. No era ninguna enfermedad «comercialmente» conocida. Enfermedades como diabetes, cáncer, sida, osteoporosis, cirrosis, etcétera, eran mucho más fáciles de entender y exponer. Todo era confuso: mis sensaciones, la situación, la ignorancia del público sobre la naturaleza de mi problema. Sin embargo, mi vida no había cambiado y mi ánimo tampoco.

Pasados seis meses, un programa de televisión denunció mi problema durante cuatro semanas seguidas. Lo hizo con mucho sensacionalismo, a pesar de que yo ya había admitido tiempo atrás mi disfunción en otro programa de reportajes. Por primera vez mi situación me afectó. Descubrí una vez más que la tensión empeoraba mi principal síntoma, la disartria, y también me fatigaba mucho. Me confundió muchísimo el reclamo que se me hacía. Pero, bueno, era comprensible. Se necesitaba una campaña en todos los medios, como las campañas de un nuevo disco, pero esta vez explicando las razones de mi disartria, de una manera realmente masiva para contrarrestar el inconveniente. El problema era cómo salir en televisión a explicar mi problema ahora que todo el mundo andaba expectante sobre mi manera de hablar. Era curioso, pues antes ni se inmutaban por eso. Decían: «Pedrito habla como estonazo o volado». Pero esta vez todo había cambiado y yo no estaba dispuesto a alimentar el morbo.

Los conciertos seguían sin mayor problema, cantando no se me notaba la disartria, pero la indagación periodística era calladamente intensa. Digo calladamente porque no hubo un acoso físico sobre mi persona, pero siempre llamaban a la oficina a pedir entrevistas para hablar sobre el desorden. Decidimos lanzar una nota de prensa explicándolo todo. Eso fue en julio de 2011. Pueden revisar la web. Pero eso no satisfacía el objetivo periodístico. Estaba la información completa, pero no había lo que en el argot peruano se llama «la pepa», el gancho de una nota periodística. En este caso, verme hablando mal.

Eso me costó la poca difusión de mi nota aclaratoria.

No había incentivos para levantarla en un reportaje en video. Ha sido la etapa más difícil de mi vida. No por las molestias de mi problema en mi vida diaria. No culpo a la prensa de nada porque esta vez mi susceptibilidad me hacía ver todo de una manera atroz. Fue una pesadilla ver señoras en la calle tomándome del rostro y tratándome con lástima como si fuera un moribundo. Otras me decían: «Hiji- to, ¿no estabas hospitalizado?». Entraban muchas llamadas a mi casa de gente preocupada preguntando qué tenía, y cuando les explicaba que era un desorden motor de incierta evolución, pero que por ahora me causaba una disartria, igual no me entendían y seguían convencidos de lo que los reportajes especulativos trágicamente sugerían. Le creían más a la tele que a mí. La verdad que yo les contaba, inclusive con diagnósticos, no les convencía. Fue lo más frustrante que he vivido jamás.

Y en ese momento el público se convirtió en un ineludible problema para mí. Estaba totalmente apto para todo, pero la gente no pensaba eso. Me decepcionó mucho la tendencia melodramática de mi pueblo. Era como una necesidad o un deseo de querer enterarse de algo grave. Inclusive mis tías venían a mi casa, les explicaba mil veces qué tenía, pero igual llevaban a mi esposa o a mi hija a un lado y le preguntaban: «¿Qué tiene Pedrito realmente?». Cara- jo, ¿qué querían escuchar, por Dios? Me harté y desde esos días deje de contestar el teléfono.

Sé mucho de comunicaciones, sé qué es lo que hay que hacer cuando hay viento en contra con la prensa. Hay que dejar que se consuma hasta la última ceniza, tome el tiempo que tome, y no ponerle resistencia. Cada declaración tuya reinicia todo de nuevo. Así pasó un año de intensa inactividad para mí. Desaparecí de todo medio, cancelé la salida de un nuevo álbum que estaba a punto de lanzar (porque mi disartria iba a opacar cualquier campaña promocional mu-sical) y corté por lo sano. Básicamente porque iban a seguir especulando, nombrando enfermedades más llamativas en los medios y eso podía asustar mucho a mis hijos.

Cómo me lo explico yo

Recuerdo que siempre todo me resultó fácil. Aprendí piano solo, sin profesor. Sacaba melodías de mi cabeza o las que escuchaba por la radio. Mis hermanos su-frieron mucho con el colegio, mis amigos repetían de año; yo jamás. Aprendí la guitarra a los doce, también solo, y fui el primero de mis amigos que usaba afinaciones distintas. Era la única manera de sacar *covers* de Rolling Stones, Led Zeppelin o B-52's, porque el sonido del rock anglo con la afinación normal sonaba flaco. Con la afinación estándar solo tocaban los que hacían *covers* de Sui Generis y era un error tocar rock con esa afinación.

Recuerdo que mi primera banda, Paranoia, fue un éxito desde el comienzo, llenábamos todas las kermeses. Salí del colegio y entré a la universidad, pero no a estudiar música. El primer disco que saqué con Arena Hash fue el más vendido de todos los tiempos en el Perú. Cuando ocurrió ese éxito intempestivo y aplastante, la verdad me preocupé. Manuel Garrido Lecca, nuestro productor, nos dijo: «Hemos empe-zado por el final. Este tipo de éxito llega luego de muchos años y ustedes lo han tenido debutando». Me asusté.

Luego de la corta pero fructífera y exitosa carrera de Arena Hash, pensé que ya me tocaban las vacas flacas. Sobre todo cuando mi enamorada, hoy mi amada esposa, quedó embarazada, aunque según mi ideología los embarazados fuimos los dos. No había compañías discográficas, el Perú estaba prácticamente en ruinas y acababa de ocurrir el paquetazo del 92 antecedido por el primer gobierno de Alan. No existía mercado alguno. Sin embargo, mi primer disco como solista pegó muchísimo y desde ahí todos mis discos tuvieron —sorprendentemente— igual suerte. Nunca he lanzado una canción que no haya gozado de popularidad, y realmente no lo entendía. Por eso cuando apareció mi problema neuromuscular lo asumí como que ya me tocaba un bajón. Todos tenemos que enfrentar pequeñas dificultades, siempre. La vida es así, nos cuestiona, nos asombra, nos preocupa. Siempre hay pequeñas piedras, pero esta noticia fue realmente desconcertante. Yo estaba preparado para todo, menos para un problema muscular que se manifestaba en el habla; jamás lo imaginé. Tomé seguros para todo, accidentes, infecciones, muerte, pero no para esto. No estaba preparado, pero asumí el reto y tomé la decisión de no darle ni media vuelta más. Nunca me dio lástima, nunca derramé una sola lágrima. Simplemente me lo eché al hombro y me dispuse a que nada inmutara mi felicidad de tantos años.

Creo que la vida es perfecta en todos sus sentidos, hasta con esto. Lo que no te mata te hace más fuerte, siempre pensé. Jamás me traumaticé ni me deprimí. Como ya les conté, mis únicos momentos difíciles fueron las tensiones debido al enfoque que se le dio en la prensa.

Debo superar también el problema con las multitudes. Algo que empezó como una claustrofobia en los aviones —lo que me hizo dejar el café durante las giras porque disparaba mi nerviosismo— mutó a una desesperación ante las muchedumbres. Hace poco, en una gran fiesta donde me estaba divirtiendo y bailando de lo lindo, justo en pleno éxtasis colectivo, el *disc-jockey* pone «Cuando pienses en volver» y la gente, obviamente, toda la fiesta literalmente, se me vino encima a rodearme y cantarme con efusivo cariño. Mi mente simplemente hizo clic y cual *flashback* de veterano de Vietnam sentí que se me venía un *tsunami* y me angustié. La gran masa de gente me abrumó y yo, mientras caminaba hacia atrás medio bailando, saludando y agradeciendo, tuve que salirme del recinto un rato a respirar. Los problemas neuromusculares comprometen principalmente a los músculos y a los nervios. Por eso mi sensibilidad está a flor de piel y sus consecuentes ansias se disparan de manera tan fácil. Esas son las novedades que me trae la vida y que debo asumir para convivir con ellas sin que se vuelva un martirio.

A Dios gracias trabajo no me falta. Eduardo Lavado es un firme creyente de que el éxito de mi música proviene de un factor para nada musical: mi personalidad. Fue él quien me buscó un día y me propuso escribir en la revista *Somos*. Yo le dije que jamás había escrito de manera laboral, y él me dijo: «Solo necesito que seas tú y punto, tranquilo. Habla de los temas que te provoquen, pero, eso sí, con ganas y con la mayor transparencia posible». Quizá confiaba en mis estudios de Ciencias de la Comunicación, quizá me tenía cariño, quizá quería ayudar, no lo sé, pero el experimento funcionó y hasta ahora no lo creo cuando veo mis columnas impresas en esa revista todos los sábados. Antes salía en las carátulas, cada vez que lanzaba un nuevo disco o anunciaba una nueva gira, y ahora de pronto soy un colaborador.

También ando muy pendiente de la recaudación de mis regalías autorales. Antes no me importaba que se olvidaran de alguna boleta o cobro, porque el Perú es inmenso y era comprensible. Además, tenía el ingreso de los conciertos. Hoy la cosa cambió y debo impulsar un control cada vez más estricto sobre la difusión de mi música, porque, de sonar, suena y mucho. Hay cobradores de regalías a nombre de Apdayc en todo el país y fuera de él, y es un trabajo terrible. Tienen que asistir a todos los eventos, fiestas, conciertos, almuerzos, tiendas, discotecas, en fin, a todo lugar donde se utilice música registrada. Tienen que hacer una lista de todas las obras ejecutadas, contabilizarlas y hacer el cobro respectivo por el uso público de esa propiedad intelectual. Cada canción no genera mucho cada vez que es tocada, pero, a la larga, si le haces un correcto seguimiento, sí acumulas dinero considerablemente. Es un trabajo tedioso, sobre todo si a eso le sumas los perros que te sueltan, las puertas que no te abren, las diez horas de espera, los regateos, o los puñetes o patadas que te pueden caer producto de la atmósfera juerguera de la mayoría de 2£ eventos nocturnos. Todas son comprensibles muestras de odio hacia el cobrador de derechos autorales por parte de quienes organizan un evento.

Voy mucho a las oficinas de Apdayc, porque mi catálogo de obras es muy amplio y mis canciones se difunden en medios, películas, centros de estudio y eventos de todo tipo. Hasta en programas de imitación. Si fuera una sola obra, sería muy fácil ubicarla y hacer el cobro, pero al haber tantas conocidas el trabajo es de hormiga. Y son demasiados autores además de mí. Por eso hay que colaborar con Apdayc informándoles sobre eventos que pudieron haber obviado debido a la gran cantidad de espectáculos versus la limitada cantidad de cobradores. Es prácticamente un trabajo más para mí. Pero con un catálogo tan amplio de canciones vale la pena. Hoy Apdayc se ha convertido en la principal fuente de ingresos del músico nacional.

Por otro lado, en mi familia tengo un primo hermano —Sergio Vilela— que desde jovencito me pide que escriba un libro. Él es de los primos menores, de la mancha de mi hermanita. Los grandes los ignorábamos porque los pequeños solo hacían bulla y, como éramos tantos —aproximadamente sesenta primos hermanos solo paternos—, ellos parecían roedores dando vueltas por los jardines, en los columpios, siempre tratando de

Retratos de familia

Estado actual

Vivo en Lima con mi esposa, mi hija y mis dos hijos, tres gatos cartujos recogidos de la calle, una camioneta, un auto, muchas guitarras y varios pianos. Voy al estudio, al gimnasio o a mi oficina, depende de lo que se me apetezca durante los días de semana. Cuido mucho mi conducta, porque si me graban en video —a mí o cualquier persona pública— cometiendo malos actos, lo transmitirían por televisión abierta y te tienes que divorciar a los quince días (si es algún acto confuso con otra dama) o salir a dar explicaciones (si es una falta de tránsito o denuncia similar). Y es que es mucho más fácil que tu pareja te perdone algo que solo tú y ella saben, y no que te perdone algo que todo el país ya vio.

No bebo (solo tinto con alguna carne), no fumo y no me amanezco, a menos que sea para tocar. No tengo muchas dudas existenciales, porque estoy detrás de la música o la escritura todo el día. Me sacrifico bastante, me lleno de trabajo y eso mata mis filosofías ociosas, o filosofías de auto- maltrato, porque sé que soy un irreversible extraviado. Soy un loco de verdad, pero muy cobarde para ejercerlo.

¿Que si soy una persona un poco sola? Soy la persona menos solitaria que existe. Mantengo mis amistades de muchos años. Hay un placer cotidiano muy simple que todos tienen y que es el de conocer gente, volverla a ver, salir de la nada y por nada a tomar algo y matar el rato. Eso es algo que yo no puedo hacer tan fácilmente. Es más, nunca lo he podido hacer, aun sabiendo que es una actividad sencilla pero necesaria. Veo a doctores, economistas, abogados, con sus compañeras de trabajo, tomando un café con toda la tranquilidad del mundo, sin que nada amenace su relación de pareja. No hacen nada malo, ni lo divulgan para que se malinterprete. Vi-

ven la vida sanamente y mantienen viva la fascinante capacidad de conocer gente nueva. Yo no lo puedo hacer.

Mantengo mis amistades de muchos años, pero, la verdad, cosas nuevas no conozco. Personas que yo pueda conquistar por mis propios medios, sin que me las tengan que recomendar, o personas que no tengan nada que ver con mi trabajo, sencillamente no hay. Pues si me decido a hablarle a una persona de la nada, imaginemos una mujer, tarde o temprano, por algún lugar aparece el cotilleo de que estuve cortejando a alguien. Si es que antes no me graban en video. La mayoría de las personas no me toman con objetividad, o al menos con la que yo deseo, y eso es difícil de llevar. Por esto, las personas que lo han hecho estarán eternamente en mi libreta de amigos y amigas incondicionales.

La importancia del contexto del «yo»

El problema con el internet es que a lo que uno escribe no se le puede agregar ni la ironía ni la sonrisa ni la pena. Los textos siempre van a ser leídos de manera monocorde y eso siempre los deshidrata. Los *mails* no transmiten el tono de la voz ni el ánimo de quien los escriba. Muchas veces escribimos mails amables, pero se leen como secos o molestos. Nunca explicamos todo de manera íntegra. Lo dicho o escrito en un mail se gesta en un contexto imposible de transmitir —tiempo, espacio, ambiente— y al que solo se «aproximan» los grandes escritores. Y, aun así, nos cuesta entenderlos al nivel que ellos lo desean. Igual somos nosotros, igual es nuestra personalidad, como un mail.

No nos entendemos correctamente muchas veces

porque estamos en un entorno nuevo, un país nuevo o una casa nueva. La conclusión es: «Acuérdate de quién eras». Toca base. El «yo» eres tú más tu entorno. Respira un poco el aire de tu barrio, mira alguna foto de tu antiguo automóvil. Recuerda qué querías de ti antes y haz tu balance con lo que quieres ahora de la vida. ¿No será que has dejado tirado a ese «tú» original, natural y silvestre, y construiste otro encima? Solo lo sabrás regresando tres días a tu casa. Tu ambiente, tu entorno de esas épocas, te traerán ese «tú» en estado completo y tendrás revelaciones al compararte con el «tú» de hoy. De adolescentes no deseamos nada relacionado con la tranquilidad; en cambio, ahora sí. No se preocupen, a todos nos pasa. No hablo de involucionar, solo sugiero el ejercicio de encontrar a tu mejor amigo en ti mismo. Y para encontrarlo solo denle las condiciones ambientales y geográficas que ese yo tuvo en determinado periodo de tu pasado. Se sorprenderán.

El ejemplo más grande y hermoso de este fenómeno se encuentra magistralmente explicado en la película *Cinema Paradiso*, de Giuseppe Tornatore, de 1988. El protagonista, un niño llamado Totó, hijo de una viuda de la Segunda Guerra Mundial, pasa toda su infancia en un pueblito de Italia acompañando a un viejo proyeccionista de cine llamado Alfredo en su misma cabina de proyección. Ahí fue testigo de las censuras a todas las escenas elevadas de tono por parte del cura del pueblo. Escenas que Alfredo no dejaba que el pequeño Totó viera, a pesar de su insistente curiosidad. Luego, el mismo Alfredo tenía que cortar el metraje censurado para recién poder exhibir la película.

Totó crece al lado de Alfredo y de adolescente se compra una pequeña cámara para empezar a hacer prácticas filmando a su primera novia y amor de su vida, Elena. Alfredo ve el talento de Totó y le sugiere que vaya a Roma a hacer una carrera, pues en ese pueblito no iba a llegar a nada. Le dice que no regrese y que la nostalgia jamás lo venza. Totó, quien le tiene una obediencia y cariño paternal a Alfredo, parte para Roma y deja a su madre, a Alfredo, a Elena y a todo su ama-do pueblo con mucho dolor. No volvió más sino hasta treinta años después, para asistir al entierro del viejo Alfredo.

Es a partir de ese momento cuando esta obra maestra del cine italiano adquiere dimensiones únicas al exponer con delicada exactitud una emoción jamás tratada antes en el cine. Pues Totó no solo se reencuentra con su madre, su gente, su pueblo, sino consigo mismo. Eso le genera una avalancha de emociones que sobrecogen hasta al espectador más duro y que tiene como cúspide la colosal e inolvidable escena de cuando Totó, de regreso en Roma, tiene curiosidad por saber que había en esa lata de película que Alfredo le dejó como único regalo antes de morir. Totó ordena que se le proyecte el contenido de la lata, se sienta solo en la gigantesca sala y con el desgarrador fondo de «Love Theme», de Ennio Morricone, empieza a contemplar todos los apasionados besos cuidadosamente editados que el cura de su pueblo mandó quitar de las películas de cuando era niño. Es una de las escenas más bellas que haya visto jamás y quizá mi escena favorita de la cinematografía mundial.

Aunque para sentir su efecto definitivamente necesitas ver la película desde el inicio.

El redescubrimiento del «yo» verdadero es algo que tarde o temprano ocurre en la vida adulta de todo ser humano. Y es bueno ir calculando cuán traumática nos podría resultar esta vuelta al ser original. Yo siempre estuve advertido sobre esa posibilidad. Aprendí mi lección con mucho gusto y siempre promuevo la idea de que tu sitio, tu tierra, encierra la brújula de tu vida. Tu «yo» original es el verdadero amigo que tanto buscabas y quien te grita la verdad de tu vida como nadie lo hizo.

UNA DE LAS ENSEÑANZAS DE MI PADRE

Cuando era muy niño, antes de escuchar de mi padre la explicación de cómo eran las relaciones sexuales, soñaba con tener una versión en miniatura de Marilyn, la rubia de la serie Los Monsters. Pero una versión viva. Sé que suena tonto, pero tenía cinco o seis años y así volaba mi imaginación. Recuerdo que rezaba y recuerdo mis palabras: «Diosito, por favor, mándame una Marilyn chiquita, mándame una Marylin chiquita». Imaginaba que me la regalaban completamente desnuda y que yo dormía con ella como si fuera una muñeca Barbie. Sentía muchas ganas de abrazarla y no dejaba de pensar en eso. Creo que estaba enamorado, pero había sensualidad en mis deseos, no era exactamente amor lo que sentía entonces.

Una mañana, harto de andar frustrado con mis pedidos no correspondidos, se lo conté a mi papá y le pregunté por qué deseaba tener a esa pequeña mujer y sobre todo desnuda. Quería saber por qué la quería a mi lado, cerca, tocándola. ¿Qué era aquello que me impulsaba a eso? ¿Por qué era tan hipnótico? No recuerdo con qué palabras se lo expliqué. Mi papá, que era dormilón, se frotó los ojos, se recostó y mirando de lado a lado, como preparándose debido a la sorpresiva fantasía de su hijo, empezó con su explicación. Quiso ir como siempre a la raíz de todo y no quedarse tonteando en los síntomas. Fue directamente al instinto de la reproducción. Dijo, y lo recuerdo perfectamente: «Mira... Hmm... Ejem (tos)... A ver... El pene del hombre cuando eres mayor expulsa unas células igualitas a ti y que se meten en un orificio que tiene la mujer al costadito del huequito por donde orina, y así esta célula igualita a ti llamada *espermatozoide* llega hasta la barriga de la mujer, donde se junta con otra célula igualita a ella llamada óvulo. La mezcla de estas dos células empieza a crecer y por eso las mujeres embarazadas tienen esa barrigota. Porque hay un bebé adentro. ¿Me entendiste?».

Obviamente le entendí todo, pero quedé aún más intrigado ahora pensando en cómo llegaba esa célula que salía de mi pene a ese orificio que tenían las mujeres y se lo pregunté. Mi papá se despertó ahora más aún y se sentó. Me dijo: «Pedro, tú has visto que en las mañanas tu penito se pone duro y largo, ¿no?». «Sí, Hernando», le dije. Porque así lo llamaba, por su nombre. Continuó con valentía y ganas de salirse del lío de una vez. Sabía que no podía entrar en rodeos conmigo y prosiguió: «Cuando eres grande y abrazas mucho a tu esposa y se hacen mucho cariño, a veces, no todo el tiempo, se desnudan..., y el pene del hombre se introduce en la vagina de la mujer sin que te des cuenta...». Tomaba aire y continuaba. «Y las células tuyas llamadas *espermatozoides* se meten en el cuerpo de ella y así se forman los hijos. ¿Entendiste?». Le dije que sí, pero la siguiente pregunta no se la hice porque detecté que no quería tener hijos con Marylin, ni sentía cariño. Era atracción. Solo deseaba tocarla.

La explicación de mi papá estaba basada profundamente en el amor y yo solo sentía deseo. Le agradecí y me puse a ver televisión junto a él. Pasó un buen rato, él se metió en el baño y me decidí a hacerle la pregunta. Salió recién bañado y mientras buscaba su ropa le pregunté: «Pero, Hernando, ¿por qué no dejo de pensar en ver desnuda a Marylin?». Y él, que tenía respuestas para todo, medio nervioso me dijo: «A los hombres siempre nos gusta ver desnudas a las mujeres. Así somos. Ellas son muy bonitas y las queremos ver completas. Pero eso lo puedes hacer cuando seas grande. Ahora no. Los niños no se dedican a eso». Desde ese día sentí a mi papá como un compinche en ese tema.

Recuerdo que buscaba revistas en la casa como Vanidades o *Buenhogar*, donde salían consejos de belleza y se mostraban mujeres semidesnudas, en toalla, aplicándose cremas en el cuerpo y todas las típicas fotos de cuidados de belleza femeninos, y se las mostraba. Lo veía, por ejemplo, en una escalera arreglando algo de la casa y le jalaba el pantalón para pasarle la voz. Recuerdo su cara volteando y mirándome hacia abajo y yo levantarle la revista con la foto. El sonreía y subía y bajaba sus cejas rápidamente como diciendo: «Qué bonito». Recuerdo que él me decía que a las chicas no les gustaba que a los hombres les gustara la desnudez. Decía que ellas eran muy vergonzosas y que solo perdían la vergüenza cuando estaban muy enamoradas. Y que, incluso así, no hablaban del asunto. Me parecía injusto. ¿Por qué las mujeres no hablaban de sexo como nosotros? Ellas no querían ver hombres desnudos como nosotros a ellas y eso me frustraba.

Desde muy pequeño, entonces, tuve claro que los hombres y las mujeres hablábamos otro idioma. Nadie me inculcó la atracción por el sexo opuesto, por las chicas. Brotó en mí de manera totalmente espontánea y natural, y trataba de entenderla y manejarla. Pero no sabía cómo satisfacerla. Me daba mucha curiosidad. Nadie me influyó. Definitivamente uno viene con instintos y gustos programados de nacimiento.

El tiempo fue pasando y mi curiosidad no cesaba. «¿Por qué no había chicas con mi misma curiosidad para encontrarnos?», me preguntaba. Era el sueño de todos mis amigos. En toda mi infancia y adolescencia no las encontré. Conocí a varias que aceptaban ver una película para adultos en Betamax, esa era la novedad. Pero si bien aparentaban apertura y ganas, la historia siempre acababa igual, contándoles ellas a sus amigas y amigos que estaban saliendo contigo. No había forma de que las mujeres separasen el amor del sexo como los hombres. Podías llegar a un acuerdo con ellas, hablar de que el plan era solamente curiosear y esas cosas. Te decían que sí, que todo bien, que no había compromiso, que no te preocuparas. Pero al final siempre le contaban al siguiente enamorado que una vez, cortejándolas, te aprovechaste de ellas. No había salida.

Creo que fue muy importante que mi padre jamás me reprimiera. Que jamás me llevara donde una prostituta, que me enseñara que la mujer es lo más bello que hay y que los hombres no sabemos lo fácil que es hacerlas felices con detalles tontos y sencillos. Mi padre me decía que solo fuera yo y que sobre todo inspirara ternura, más que atracción. No hay lazo más poderoso entre un hombre y una mujer que la amistad y la maternalidad. Los únicos vínculos eternos. El resto es pasajero.

Mi cuñada

Hace años conocí a mi esposa Cynthia. Yo tenía veintiuno y ella, dieciséis. Recuerdo que yo estaba regresando a la casa de un amigo donde me hospedaba hacía un mes, pues nos habían desalojado de nuestra casa alquilada durante veinte años en el Olivar de San Isidro, mientras Cynthia visitaba a su amiga de San Bartolo, Claudia Ramírez, que vivía al lado. Yo pasaba con mis lentes y comiendo una manzana de regreso de la universidad y estas chiquillas salieron por la ventana a saludarme con mucho entusiasmo. Me detuve y les pedí que bajaran. Eso hicieron y así conocí a mi esposa.

No voy a detallar más la historia, para no distraernos del punto: mi cuñada.

La cosa es que Cynthia, durante la semana que salimos, jamás me contó que tenía una hermana gemela. O quizá ni la escuché, porque a decir verdades no parábamos de besarnos. Es un hecho que las típicas preguntas sobre las coincidencias entre gemelas, la telepatía, las picaduras de mosquitos y todos los mitos urbanos alrededor del tema la han saturado toda su vida. Por eso quizá me enteré accidentalmente de su hermana Bárbara recién cuando Cynthia me invitó a un almuerzo familiar. Hasta hoy veo a Cynthia contestar tolerantemente las mismas preguntas cada vez que alguien le toca el tema de los gemelos. Es desesperante. Si yo, que no soy ella, me harto, imagino el caldero que lleva en la cabeza por la cantaleta que oye desde que nació.

Visité a Cynthia un domingo. Me invitó a almorzar a su casa, que era inmensa, con solar, patio y dormitorios gigantes. Ella vivía en una casona en Barranco que quedaba en la mera plaza, al costado de la biblioteca. Era una casa antigua muy bella con ventanas gigantes y jardines que parecían huertos o viveros. Uno se transportaba ahí. «Comeremos salchipapas, pero con las papas hechas como las hace mi mamá, son buenazas», me dijo. Yo no sabía de esas técnicas de freír las papas levemente, hacerlas reposar y volverlas a freír para que queden crocantes por fuera y suaves por dentro, realmente exquisitas. Ocurre que la familia de Cynthia es de origen belga y así fríen las papas allá. Entonces, mientras lo hacían de esa manera en una paellera gigantesca llenecita de aceite, Cynthia se fue a su dormitorio, quizá fue al baño, no lo recuerdo..

Yo me quedé ahí, esperando. De pronto la vi caminando por el jardín cruzando lentamente las dos ventanas y la puerta de la sala que miraban al patio. Fue terrible para mí, pensé que no había dormido bien o algo así. Era imposible que Cynthia se hubiese transportado a la otra ala de la casa y estuviese deambulando por el patio. Yo estaba sentado en la única vía del dormitorio al patio. No fue una visión, ya que fueron tres los momentos en que la vi pasar por los rectángulos de la puerta y ventanas. Me levanté, fui al dormitorio de inmediato y llamé a Cynthia, que contestó desde el interior. Por primera vez en mi vida llegué a la conclusión de que había visto un espectro. Es que realmente Cynthia y Bárbara son idénticas.

Me puse nervioso, pensé que todo era producto de la antigüedad de la casa y que por lo tanto la construcción albergaba *poltergeists*. También pensé que las paredes de las casas antiguas, así como absorben y luego de un tiempo expulsan ondas sonoras, también absorben manifestaciones de luz, es decir, todo lo que se ve, y lo podían retornar al ambiente de nuevo sin ser algo sobrenatural. Esto está científicamente comprobado. A veces, en rarísimos casos, también retornan formaciones luminosas que muchas veces se confunden ignorantemente con fantasmas. Disculpen el paréntesis, pero todo esto es pura ciencia y todo eso pensé en ese momento.

Cynthia reapareció y le conté todo. Obviamente se rio y me dijo: «¿No te había dicho?». Contesté que no y ya empecé a imaginarme la explicación. Era Bárbara, a quien le decían Barbie. Sencillamente exacta a Cynthia. Hasta hoy la gente las confunde terriblemente. Pienso que este tema merecía un buen rato explicándoles mis impresiones. Quizá me sirva para no seguir respondiendo las típicas preguntas de siempre, como: «¿Y no te confundeeees?».

Pues no, no me confundo. Bastaron solo minutos para empezar a verlas totalmente distintas. Si bien en rasgos son exactas, no sé por qué yo las veo completamente diferentes. Mis hijos tampoco entienden por qué la gente dice que son exactas. Definitivamente la proximidad familiar te hace verlas distintas. Aun cuando recuerdo haber percibido a Barbie exactamente igual a Cynthia la primera vez, hoy hasta por el teléfono las distingo. Sé por el sonido del caminar quién es quién. La forma de la cara para mí es completamente distinta. Y son completamente diferentes en todo. Cynthia ama verme afeitado, Barbie dice que afeitado parezco un ganso. Cynthia tiene mucha serenidad, Barbie es muy temerosa. Podría escribir todo un libro rompiendo mitos sobre los hermanos gemelos.

Lo que sí es notable y misterioso es verlas conversar. Aparentemente son diálogos coherentes, de ida y vuelta, como personas normales. Sin embargo, si te pones a seguir lo que dicen al dedillo, descubres que se saltean turnos. Es decir, escuchas que una contesta cosas que la otra jamás preguntó. O, más loco aún, una pregunta algo y no escuchas a la otra contestar. Sin embargo, el diálogo se dio, la respuesta se dio y tú jamás la escuchaste. Solo oíste la mitad. A estas alturas, pensarán nuevamente que estoy loco, igual que ellas, pero yo sigo insistiendo en que ocurre telepatía por momentos. Lo he visto miles de veces, las vengo oyendo hablar hace veinte años y siempre hacen lo mismo, pero no lo admiten. Muchas veces solo mirándose entre ellas luego voltean hacia ti y una te dice: «¿Qué tal si en vez de ir al club vamos a almorzar a la casa?», yo le digo: «Pregúntale a tu hermana primero», y te contestan: «Ya me lo dijo». Jamás lo he podido grabar en video. Siempre ha sido mi sueño. Jamás pude.

Pero volviendo al tema de su increíble parecido, las anécdotas son brutales. Obviamente los afectados son los vecinos o amigos nuevos. Recuerdo con mucha gracia una de las mejores:

Cuando Cynthia y yo nos casamos nos mudamos, junto con mi suegra y Barbie, a un edificio muy bonito, tipo inglés, en Miraflores. Cynthia y yo en nuestro propio departamento, y mi suegra y Barbie en el suyo. Éramos nuevos en el barrio. Yo viví toda mi vida en

San Isidro y Cynthia se acababa de mudar de Barranco. Nuestro primer y sorpresivo embarazo cambió totalmente los destinos de las hermanas, que antes eran prácticamente paralelos, por no decir exactos. Con decirles que Barbie fue madre nueve años después. Sin embargo, el contacto diario entre ellas jamás se interrumpió.

Ahora que el tiempo ha pasado, yo que me burlaba de los vecinos nuevos por presentarse formalmente ante los demás vecinos cuando recién se mudaban, debo admitir que debimos hacer lo mismo cuando Barbie y Cynthia llegaron al barrio. Esto debido a que me hice amigo de un señor muy gracioso y juvenil llamado Miguel Saco Vértiz, sí, el papá del jugador de fútbol profesional. Conversábamos todas las mañanas y alguna vez le presenté formalmente a Cynthia como mi esposa. Él vivía a la vuelta y tenía un convertible rojo. Siempre hablábamos de todo. Adoraba a su esposa y me hablaba con mucha autoridad y experiencia sobre los hijos, las cuentas y mil cosas que me sirvieron mucho. No nos visitábamos frecuentemente, pero siempre nos encontrábamos en la calle, y Cynthia y yo lo saludábamos antes de irme yo al estudio y ella a su oficina. Él no sabía que Cynthia tenía una hermana gemela. No había razón para estarlo divulgando.

La cosa es que Barbie y su esposo son enamorados desde los catorce años. Por lo tanto, Alvaro, mi concuñado, la visitaba todos los días salomónicamente y la llevaba a tomar un helado o dar una vuelta, y obviamente a besarse y abrazarse sentados en algún murito, en el carro de Alvaro o en la bodega. Creo que hasta en el murito de la casa de mi vecino Miguel Saco Vértiz.

Este señor no podía creer que «mi» esposa se besaba con el mismo hombre en mi misma calle y andaba agarrada de la mano en diferentes lugares del barrio durante meses con el tipo. Indignado, se lo contó a su mujer y le dijo que era un espectáculo bochornoso el que Barbie —Cynthia, para él— cometía en la vía pública. Le decía a su esposa que por último había hoteles para hacer esas cochinadas y que me lo iba a contar de todas maneras, porque no era posible semejante burla. Ella le dijo: «Tú te callas. No te metas. No es tu asunto». Él le replicaba y discutía, pero ella siempre le contestaba lo mismo: «No seas metete. En lío de tres, no te entrometas». Yo, mientras tanto, seguía encontrándome con él y seguíamos hablando y jamás noté su angustia. Pasaron casi dos años y mi amigo no soportaba más tanta hipocresía conmigo. Su esposa me contó años después que por las noches, antes de dormir, cuando ella siempre le prohibía contarme algo, él puñeteaba la cama diciendo: «¡No puede ser! ¡Esa mujer es una rata! ¡Es inconcebible! ¡Callarlo está mal! ¡Me está haciendo daño!».

Pasó el tiempo y nos mudamos cuando nació mi segundo hijo. Casi diez años después, me encontré con Miguel en un restaurante y le presenté a Barbie, su esposo y Cynthia. El pata nos miró como si hubiese visto abrirse los cielos y exclamó: «¿Quéeee? ¿Tu esposa tenía una hermana gemela?». Le contesté que sí, obviamente, y que no entendía por qué tanta alegría. Esa misma noche me tomó del hombro y nos contó a todos su frustración de años y cómo discutía con su mujer todos los días al punto de darle gastritis. Ese fue el caso más notable y duradero de confusión y el que más afectó a alguien en relación con el extraordinario parecido entre mi mujer y su hermana gemela. Que sirva esta crónica, mi querido Miguel, para pedirte disculpas por mi desconsideración al no aclararte mi peculiar panorama familiar en su momento, y felicitarte por haber tragado estoicamente semejante sapo por tantos años.

Siempre he tenido una excelente relación con mi cuñada. Sé que a la mayoría de personas casadas con mellizos o gemelos les estorba un poco el extremo vínculo que ellos se tienen mutuamente. Es comprensible.

Porque constantemente y a diario comparten cada cosa que les pasa. Necesitan verse siquiera minutos durante el día. Por ejemplo, durante la labor de parto de cada uno de mis hijos, Barbie no podía levantarse y hacía cama con similar malestar que Cynthia. Eso sí fue alucinante. Pero a mí me encanta. Soy feliz viendo a mi cuñada, su esposo Alvaro y sus hijos todas las semanas. Soy padrino de su hijo Rafael y me siento muy querido por ellos.

Veo que Cynthia no es completa sin su gemela. Realmente juntas son una misma persona y siempre lo he sabido.

Así es mi vida. Es una linda suerte contemplar el insólito espectáculo de dos hermanas que nunca en su vida han discutido o peleado. Me encanta que Cynthia tenga una hermana gemela. No hay celos ni envidias entre ellas. Eso es impactante, pues en otros hermanos sí he visto esos sentimientos constantemente. Los gemelos tienen juntos un mismo ego, leí una vez. Por eso el gozo constante con lo bueno que le ocurra al otro. Es increíble.

PAPÁ, ¿ESTÁS HABLANDO DE TI?

El atardecer era lindo, el sol estaba completamente naranja. Mi hijo Salvador volaba por los aires con su *skate*. Es realmente hábil. Estábamos en un parque especial lleno de piscinas y rampas donde se practica este deporte. Salvador se bamboleaba dentro como una bolita en un plato hondo.

Yo solo lo miraba. Lo mío es la música y nunca pude montarme en una de esas vainas. Así como yo a él, la gente me miraba y me miraba. Fue entonces que le dije a mi hija: «No es bueno tener éxito social. Te abre muchas puertas y por eso te quita frustraciones, y uno se vuelve un petulante».

Ella solo me dijo: «Papá, ¿estás hablando de ti?...».

Lamento mucho en cierto aspecto que mis hijos tengan a un artista famoso como padre. Ellos tienen genes musicales y creativos iguales que los míos, los de mi padre, tíos y abuelo. Cogen el piano, la guitarra, pintan, toman fotos, hacen videos, escriben, etcétera, con muchas ganas.

No ganas de aficionado, ganas de esas que hipnotizan. Sin embargo, la fama les parece ridicula. No saben lo que cuesta, pero como la tiene su padre y ellos adonde vayan son señalados como «los hijos de Pedro», la sienten muy cercana, casi propia y hasta cierto punto les molesta. Jamás la han deseado.

Yo recuerdo haber deseado ser conocido porque de esa manera iba a haber un interés en mi obra. Es normal que un artista tenga un sentimiento arribista, sobre todo si vienes de clase media. Yo era de San Isidro pero no tenía mucha plata. Así que sí deseaba viajar mucho, tener mi propio automóvil, las chicas más bonitas y una buena guitarra eléctrica de verdad. Como las que tenían los Rolling Stones. Y todo eso vino junto con la fama.

Mis hijos han visto mi colección de guitarras desde que nacieron, han viajado desde que nacieron, ya vieron a los Rolling Stones, Elton John, Blue Man Group y muchos más a la edad en la que yo solo veía títeres en el teatrín del Olivar. Me da pena que consideren todo eso normal cuando no lo es. Entonces ellos aman el arte por el arte. No hay ninguna intención paralela de interés. No hay doble sentido en su búsqueda artística. No desean lo que la fama trae, solo desean hacer arte.

Me parece que el arribismo, o el querer tener cosas o servicios que no tuviste de niño, es un excelente propulsor de tu carrera. Es un plus que te hace luchar más que el resto. Todas las grandes estrellas son de clase media o clase pobre. Madonna, los Beatles, Prince, Michael Jackson, Billy Joel, Elvis, etcétera. Su aguerrida actitud de superación y avance tenía muchos significados, más allá del mero amor a la música. Hay un empeño muy particular en artistas que tienen consignas de vida más allá del amor al arte.

Eso hace que yo piense que, si bien la fama a mis hijos no les va a interesar, no tengo duda de que el arte sí los va a tocar fuerte en sus vidas, pero lo enfrentarán de una manera más pura, más íntima, más real. Va a ser muy curioso, porque la mayoría desea reconocimiento en el arte. Ni yo mismo me imagino el arte solo para mi propia satisfacción. Pero en ellos es un enigma saber cómo evolucionará su vocación. Lo que sí me duele es que, en caso deseen ser artistas, se les compare conmigo. Será inevitable y lo entiendo.

Una de mis más grandes preocupaciones es cómo dirigirlos y asesorarlos para manejar la frustración, que es prácticamente la médula de la vocación artística. La paciencia también es básica, sobre todo ante lo ilógico e injusto que es el éxito en el arte. Todos los grandes artistas, como Paul McCartney o Mick Jagger, a pesar de su talento, admiten que hubo un factor milagrosamente circunstancial en su éxito. Keith Richards siempre cuenta que vio a su ídolo, el blusero afroamericano Muddy Waters, pintando el techo del estudio donde los Rolling Stones iban a grabar. ¡Uno de sus ídolos más grandes pintando el techo! Siempre las grandes celebridades sacan a la luz que el éxito y la fama son muy injustos con los reales talentos y que ellos solo tuvieron suerte. Yo, salvando distancias, pienso exactamente igual. Hay muchísima gente anónima con talento en este país y lo único que los diferencia de aquellos que alcanzan notoriedad es un factor meramente circunstancial. Un clic mediático producto de una canción que coincidió con la tendencia del momento o algún prematuro premio internacional o un repentino hecho que los haya puesto en el ojo de la noticia. Como un romance, escándalo o algún *spot* publicitario que haya pegado.

Por eso mucha gente vive resentida con el arte como vocación. Consideran una ofensa si algún hijo desea ser artista. Hasta yo, que vivo del arte, me preocuparía. Porque en este oficio no vale aquello de que «quien persevera triunfa». Es como acusar a millones de artistas ordenados, talentosos y luchadores, que nunca alcanzaron la fama, de ociosos o escasos de espíritu.

Lo más duro del fenómeno del arte con fama es la falta de escrúpulos o la competitividad desleal de muchos. Uno tiene consejos para sus hijos, de todo tipo. Pero cómo decirles: «Tienes que ser un hijo de puta, pasar por encima de todos, buscar tener vara en todo tipo de eventos, bloquear a tu competencia». ¿Cómo? Lo peor es que en la realidad es así. A lo mucho debes decirles que se cuiden de la gente así, nada más. Esas son las deficiencias de ser una buena persona. No tenemos herramientas equivalentes a las de la gente mala. No podemos atacar al traidor con traición. Por eso tanta gente dice que el mundo está construido en mucho gracias a la maldad, que la historia está escrita por los que ganaron. En fin, miles de ideas que comparto y que, de comprobarse, darían un nuevo giro a la historia de la humanidad.

La cosa es que quisiera tener en el fondo los obstáculos normales que tiene todo padre para con su hijo artista. Veo a muchas personas acercarse a mí diciéndome: «No sabes cómo pinta mi hijo», «No sabes cómo baila mi hija», «No sabes cómo toca piano mi hijo», y cosas así. Con una luz en la mirada, como si el mundo del arte fuera solo una cuestión de esforzarse, de estudiar y avanzar. No saben que en este bello universo que es el arte se esconde quizá la sustancia más maléfica y codiciada por la humanidad desde que el hombre existe, y esa es la fama.

Las lecciones de mis amigos

¿LOS VAGOS TRIUNFAN?

No Se si deba contar esto porque es una paradoja educativa. La antítesis del supuesto comportamiento correcto de un alumno. Pero este caso merece hasta un libro aparte. Juan *El Cabezón* Rozas, uno de los más destacados economistas del país, y Gonzalo Villarán, valiente padre de seis hijas y contratado en las mejores compañías a Lima, tienen hoy unas situaciones realmente envidiables, a pesar de haber sido de las más grandes patas de Judas de mi colegio. El Cabezón hoy es el flamante gerente general de una importante compañía, maneja un BMW del año, tiene todos los posgrados de Economía que el planeta puede ofrecer, hace gimnasia, come sano, no bebe y está casado con una excelente mujer. Gonzalo es un conocido administrador, también felizmente casado, con años de trabajo en el Banco Latino, Sony, Ripley y Rímac. Y hoy es también gerente general de Clean Trading.

Ambos eran los más flacos, altos y desinteresados de mi promoción. El Cabezón era de mi edad, pero Gonzalo era dos años mayor, pues había repetido. Gonzalo era de familia muy acomodada y vivía en una mansión detrás del cine Alcázar. Los dos eran de lo más relajado que he visto en mi vida. Estando en el colegio eran fanáticos de las apuestas hípicas y faltaban a clases para meterse a las caballerizas en Monterrico y evaluar ellos mismos a los caballos que iban a competir. Llegaron a desarrollar tal oficio desde adolescentes que hoy el Cabezón tiene sus propios caballos. De niño era fanático de Alianza Lima y le encantaba escaparse al estadio de Matute en plena época del colegio.

Gonzalo y el Cabezón nunca hacían tareas. Tenían una frialdad admirable para no asustarse cuando recibían un 05 en cualquier examen final. Recuerdo que eran tan despreocupados que una vez alguien les pasó las preguntas de un examen final de matemáticas y ni con libros en mano pudieron resolverlos. Les interesaba un pepino, a pesar de las habilidades matemáticas que tenían para analizar los tiempos en las carreras de caballos. Pudieron hacerlo, pero no les importaba. La vida para ellos empezaba al salir del colegio y hasta las seis de la mañana del día siguiente. Por si fuera poco, a esa hora se iban al hipódromo para ver los aprontes y hablar con los jinetes. Eran amigos de todos los jinetes y preparadores de caballos de esa época. Eran un par de chiquillos metidos en medio del ambiente hípico. El tío de Gonzalo tenía caballos de carrera porque era propietario del haras más importante de esa época y uno de los más reconocidos actualmente. Gonzalo y el Cabezón, que no perdían el tiempo, salieron en la portada de la revista del Jockey Club, abrazados, felices, como futuros propietarios. Llevaron la revista al colegio. Toda la promoción quería ir al hipódromo. Nadie entendía cómo dos chiquillos salían en la portada de la principal revista hípica. El Cabezón se ganó la polla en cuarto de media con su tío. ¿Como entonces les iba a atraer el colegio? Vivían muy bien, a pesar de que en esa época no trabajaban y tenían un presupuesto muy limitado, solo de propinas, pero se *recurseaban* vendiendo todo lo que podían, polos, zapatillas, casetes. Tenían el bicho del negocio en la sangre y esto nunca se detuvo. Siempre se les ocurría algo para divertirse y pasarla bien. Me asustaba ver lo intrépidos que eran. Durante toda la secundaria me ponía nervioso que repitieran o que los expulsaran del colegio. Pero eso nunca ocurrió. No sé cómo hacían, solo estudiaban un día al año, generalmente en diciembre, a fin de aprobar únicamente los cursos suficientes para no repetir el año ni desaprobar en conducta. Manejaban el cálculo muy bien y eran muy zalameros con los profesores. Siempre atentos y graciosos, insólitamente llegaron a ser brigadieres, es decir, esos alumnos que llevan una cadena de tela en el hombro con autoridad para corregir al resto. Eran realmente sorprendentes.

Un día, estos dos, después de haberlo perdido todo, salieron del hipódromo a tomar una combi en la avenida Javier Prado. Preferían caminar por la pista de carreras, en vez de usar la vereda hacia el paradero, porque llevaban irremediablemente la hípica en la sangre. Tenían solo cuatro soles para su pasaje respectivo, cuando de pronto pasa a su lado un jinete amigo que les sonríe y con el látigo señala al número trece. Ambos se miraron y sin dudarlo corrieron a la caseta al paso y jugaron cada uno su pasaje. El caballo ganó y salieron con un montón de plata, se regresaron en taxi, buscaron a todos sus amigos del barrio, y les regalaron un juergón de lujo. Siempre decían que quien no arriesgaba no ganaba.

El Cabezón era un chico mirafiorino cien por ciento, con profeso amor a su barrio, «el muro plomo», a la vuelta del taco de Enrique Palacios. Era uno de los menores y siempre tenía una razón para estar en la calle. Vivió en la calle durante la época del terrorismo, pero aprendió en esa misma calle todo lo que lo volvería una persona con éxito.

Gonzalo ya era mayor de edad en quinto de media y tenía varias mujeres. Todas mayores. Eran otras épocas. San Isidro era una zona exclusiva para sanisidrinos. Si conocías a una chica en Miguel Dasso, de hecho vivía cerca, y vivía muy bien. Y a eso se dedicaba Gonzalo con otro amigo mayor, Beto Solís, compañero de su edad que también por repetir terminó en mi promoción. La fama de Romeos de los Villarán viene desde el siglo XIX. Y Gonzalo la ejercía con vehemencia. No sé cómo hacía. Jamás la pegaba de guapo ni andaba con poses ni daba regalos ni nada protocolar. Tampoco consumía nada, ni siquiera cigarros. Se paraba desgarbadamente, con su inmensa peluca naranja, sus ojos saltones y su narizota en punta, y les hacía chistes a las mujeres que se estacionaban en algún banco cerca del colegio, o iba a las tiendas de Camino Real o a algún evento exclusivo de esos a los que acudía su joven madre. No desaprovechaba nada.

Yo era tres años menor que él y, por lo tanto, sus movidas me parecían muy temerarias. Mis nervios se destrozaban antes de pretender hablarle a una mujer mayor, como él lo hacía en cualquier lugar. Pero lo admiraba mucho, a pesar de que no estaba de acuerdo con su perfil de estudiante, porque era noble y además porque tenía una gran colección de discos y casetes. Conseguí ser su amigo porque yo también sabía mucho de música. Era alucinante ver sus discos de vinilo nuevecitos recién importados. Hasta recuerdo el olor del celofán que los protegía y los coloridos *stickers* promocionales que venían pegados sobre él. Lo consideraba una autoridad en conocimientos musicales. Cuando en cuarto de media empezamos a tocar con mi banda Paranoia con mucho éxito en las actuaciones del colegio y las kermeses, Gonzalo nos observaba con mucha objetividad, a pesar de su evidente alegría. Recuerdo a todos mis compañeros andar felices y orgullosos con la banda de rock de su promoción, pues todos éramos amigos desde la infancia. Pero él maquinaba más allá las cosas.

Un día por la mañana Gonzalo, con mucho más mundo que todos pues viajaba desde muy niño a otros países, me dijo: «A la salida vente a mi casa. Quiero mostrarte algo». Yo estaba emocionado porque seguramente era un tema de música e iba a ver toda su colección de discos. Efectivamente, fuimos a su casa y pasamos a su dormitorio, que quedaba en una especia de hacienda techada. Su casa tenía un montón de salas elegantes, ambientes y dormitorios que circundaban una especie de pérgola, extraña pero muy bonita. Su cuarto tenía las cuatro paredes enchapadas en casetes y estantes con *long plays*. Parecía una cabina de radio o una tienda de discos. Gonzalo sacó una cinta de una de las paredes y me dijo: «Escucha».

Puso en su equipo un álbum que había salido hacía un mes en Argentina. Era Charly García cantando «Nos siguen pegando abajo». El rock argentino hasta entonces me había sonado a jazz rock. Acordes aumentados o disminuidos, letras muy densas, cambios que me sonaban a tangos sicodélicos; en fin, siempre se me hizo muy difícil. Spinetta me parecía genial, pero era complicado entrar en su *swing*. Esta vez salió algo fresco por los parlantes, algo fluido, bien cantado, internacional, con actitud, con calle. Porque el rock no se canta, se clama. Tenía un *swing* increíble. No había escuchado en castellano nada igual. La nueva ola argentina me gustaba. La trova setentera era muy melodiosa, pero no las coleccionaba. Esto era revolucionario. Era contundente, pegajoso y original. Recuerdo que acabó la canción y viendo mi cara de sorprendido Gonzalo me dijo: «Eso tienes que hacer». Con la banda Paranoia, andábamos tocando *covers* de Eric Clapton, The Kinks, Rolling Stones, Beatles, The Clash, etcétera, y no imaginaba el rock en otro idioma, simplemente porque no existían canciones con el real sentimiento y actitud del rock. Los Jaivas tocaban huayno potenciado con instrumentos eléctricos y Frágil, más que rock and roll, era rock progresivo. Gonzalo me dijo: «Tocas bien. Empieza a cantar en castellano. Ahorita».

El lunes siguiente le propuse a toda la banda Paranoia hacer canciones propias en castellano. Me dijeron que estaba loco. Recuerdo que llegué tarde al colegio y, mientras me iba acercando a las filas de alumnos formadas en el patio para escuchar la asamblea, les entregué un papelito a cada miembro de Paranoia con mi alocada propuesta y solo me siguieron tres de los nueve integrantes. Con ellos formé Arena

Hash. El aporte de Gonzalo fue determinante. Con esa oportuna sugerencia ganamos tiempo y ya estábamos encaminados en las canciones propias cuando Charly García recién empezaba a pegar en el Perú.

Así como seguí fielmente el consejo de Gonzalo en el aspecto que a mí me interesaba, el Cabezón también siguió a Gonzalo en todo lo que a él le gustaba. Los negocios y la hípica. Hubo un tiempo en el que las tonterías adolescentes típicas del colegio no les llamaban a ambos en lo más mínimo. A su edad ya eran unos viejos. Hablaban de hípica con los señores expertos en el tema. Por eso, andar cortejando a jovencitas inexpertas que los iban a comprometer a estar con ellas formalmente para recién poder tener relaciones sexuales era un pésimo negocio en la mente de estos dos gatos callejeros. Parecía que el desinterés en todo lo serio iba a marcar el resto de sus vidas inevitablemente. Sin embargo, y hasta ahora no lo entiendo, el Cabezón ingresó exitosamente a la Universidad Católica. Muchas de las principales lumbreras de mi promoción no lo consiguieron, pero él lo hizo. Eso removió todos los cimientos de la ideología que Gonzalo lideraba, como los caballos, Miguel Dasso, la Herradura, las mujeres.

El Cabezón no desaprovechó la oportunidad que le dio la vida de ingresar sorprendentemente a la universidad, y esa inteligencia que siempre lo caracterizó fue volcada en sus nuevas intenciones de triunfar. Estoy seguro de que esa rapidez y talento para detectar el beneficio fue lo que hizo que el Cabezón se tomara tan en serio la universidad.

Siempre he pensado que el Cabezón es un caso de estudio. Terminó quinto de media a los dieciséis años con dos jalados y recién en enero pudo pasar los exámenes de ambos cursos. Los amigos que estudiaban en academias durante más de un año le avisaron que el sábado 15 de febrero era el examen de la Universidad Católica. El Cabezón estaba preocupado porque era día de carreras y temía que el examen se cruzara con ellas. Al final no hubo problemas, porque el examen fue en la mañana. Ese día Gonzalo y él regresaron del hipódromo a eso de las ocho de la noche. El Cabezón se había olvidado que había dado el examen en la mañana. En eso, caminando a casa vieron a un montón de amigos con su padre. El Cabezón pensaba: «¿Qué hace mi viejo con mis amigos?». Entonces escuchó: «¡Ingresaste!». Ese día cambió su vida para siempre. Nadie pensó que le iba a ir tan bien en la universidad, como luego sucedió. Gonzalo reaccionó sorprendentemente y se metió a estudiar Administración de Empresas. Pero su naturaleza reproductiva le pasó factura. Fue padre repentinamente de un par de gemelas a los diecinueve años y se casó. Todos estábamos en *shock*. Nos hizo tíos a todos y yo ni siquiera era mayor de edad. La vida de Gonzalo cambió muchísimo, al igual que la del Cabezón. Así que ambos se empeñaron en enfrentar lo que tenían en el camino y resolverlo. Ese fue el punto admirable de mis dos amigos y la razón por las que les dedico estas palabras. El Cabezón no paró de estudiar. Resultó uno de los alumnos más destacados en Economía de su época y terminó dos posgrados en el país y en un país vecino. Quizá lo hizo por su experiencia en la vida real desde muy joven en negocios y apuestas de caballo. Esa es mi teoría. Tenía un plus sobre tantos que ingresan a la universidad sin experiencia alguna en el mundo real.

Gonzalo no cesó de multiplicarse hasta la sexta hija. Las ama y las mantiene a todas. Las dos mayores viven en Estados Unidos y lo vienen a visitar siempre. Cuando veo a semejantes mujerones de metro ochenta, hechas y derechas, divirtiéndose con su padre y sus miles de hermanitas en la playa, no puedo creer que yo las haya cargado de bebés y que todo haya salido bien. Típica experiencia alucinante, como todas las que te da Gonzalo. Es asombroso cómo este tipo asumió con valentía y responsabilidad el cuidado y mantenimiento de su numerosa prole, a pesar de haber sido un alumno rebelde. No ha dejado de trabajar desde que salió del colegio y lo ha hecho en las mejores compañías del país. Ni qué decir del Cabezón, quien posee hoy sus propios caballos, es magíster en todas las ramas de la Economía que uno pueda imaginar, y con una envidiable situación laboral, afectiva y financiera. Ambos rompieron todos los cánones que se conocen sobre cómo hay que ser de joven para ser un triunfador en la vida. Por eso no hay que presionar a los hijos con los estudios ni pretender un constante control sobre sus acciones para garantizarles el éxito en la vida. Ellos solos, en algún momento, ven el ca- c-g mino. Maldecirlos con amenazas de que van a fracasar solo los lleva al fracaso. Hay que confiar en su repentina clarividencia. Esa reacción es natural en todos nosotros. Tarde o temprano, llega.

A *MIS AMIGOS GAYS*

Admiro mucho a artistas como Oscar Wilde, Leonardo da Vinci, Rudolf Nureyev, Liberace, Elton John, Freddy Mercury, George Michael, K. D. Lang, Jodie Foster y muchos otros, todos muy admirados por ser extraordinarios artistas y en la mayoría de los casos gays confesos. Cuando he conocido personalmente a alguien similar en el ambiente de la música, la moda, la fotografía, la danza y el arte en general, debo admitir que tienen una habilidad superior. Sobre todo en estética, gusto e innovación, aspectos fundamentales para la correcta orientación del arte. Además, tienen un empeño muy sólido para salir adelante en lo que se propongan. Los Beatles, y me sé la historia completita, no hubieran llegado a lo que fueron si no hubiesen conocido a Brian Epstein, el famoso dueño de tiendas de discos NEMS de Liverpool, quien les hizo ver que con *jeans*, casacas de cuero y bebiendo en el escenario no iban a llegar a nada. Prácticamente los uniformó y les obligó a inclinarse todos a la vez al final de cada *show* como saludo de despedida, algo impensable para una banda de rock and roll que eran ellos. Son típicas sugerencias de quienes ven más allá, con certeza, con noción. Brian Epstein era homosexual también. Y Lennon lo sabía y lo valoraba, al punto de saber, cuando este murió en 1967, que lo siguiente era la separación de los Beatles.

Ese talento y agudeza intelectual siempre me ha intrigado. Siempre he querido deducir si es fisiológico, si es producto de la vida misma, si es fruto de sus trabajos, si es mera impresión nuestra, no lo sé. Pero cada vez que he notado esa interesante genialidad, no he parado de conversar al respecto con ellos y aún no he llegado a una conclusión final. Cuando le he hablado o preguntado con mucha educación a algún amigo gay sobre si se nace o se vuelve uno gay, me dice que siempre fueron así y que si algunos lo descubrieron tarde fue por descuido. Incluso si lo descubren a los cuarenta años, entenderán al revisar su pasado que siempre lo fueron, pese a haber tenido una conducta heterosexual. Suena coherente, aunque para ni sigue siendo todo un misterio.

A mi amigo Manuel

Sé que escribo cosas de la vida diaria, lucha de poderes, de amores, de tentaciones, de orgullos, leyes cósmicas y mucho más. Pero todo eso no puede con otra verdad que aquí les explico y que, por más descabellada que suene, es cierta.

Todo empezó cuando noté que los sacerdotes católicos, en la intimidad, al orar a puerta cerrada para bendecirá antes de un viaje, o antes de algún concierto importante o por algún tema de salud, usaban unas invocaciones mu' distintas de las palabras que usan en la misa. Eso desperté mi curiosidad. Igualmente en los exorcismos que hemos visto en los noticieros y en películas también se centran en lo mismo: Dios y su hijo Jesús. Punto.

Manuel Garrido Lecca, el productor musical de mi banda Arena Hash y de varios discos de mi carrera solista, siempre ha sido un hombre de muchísima fe. Él falleció clínicamente a los seis años y pudo verse desde el techo de su habitación durante todos los minutos en los que estuvo momentáneamente muerto.

Sintió una voz inexplicable que calaba directamente en su entendimiento. Él ya no estaba encarnado en su cuerpo, de modo que las comunicaciones a ese nivel ya no se manifestaban por los cinco sentidos que físicamente tenemos, sino como verdades que se instalan en ti. Como si de pronto comprendieras todo sin pasar por ningún proceso de entendimiento.

En los minutos que estuvo en ese estado puramente espiritual no experimentó temor ni pena ni ningún tipo de ansiedad. Tampoco le preocupaba el desenlace del difícil evento que las personas al lado de su cuerpo percibían allá abajo. Hasta que poco a poco fue debilitándose toda la pacífica nueva realidad por la que estaba pasando hasta diluirse por completo. De pronto abrió los ojos y estaba metido nuevamente en su cuerpo mirando el techo. Contó uno a uno a todos los que lo miraban con asombro: eran los mismos que él había visto desde arriba.

Luego le contaron que había muerto y luego resucitado, y que no lo podían creer. Según lo que Manuel me cuenta, hasta se quedó medio picón. Obviamente, ser niño y haber probado algo tan sublime como la libertad del alma debe haber sido para engolosinarse eternamente. Y, bueno, no estamos lejos de la verdad.

Manuel se volvió un creyente o, más que eso, un «sabedor» de la existencia de Dios. No existe un ápice de duda en él, sino más bien un absoluto y aplastante convencimiento de que Dios existe, incluso más que Manuel mismo. Esa manera de explicarlo fue quizá el máximo testimonio de mi vida y una de las verdades más contundentes a las que he tenido acceso jamás. La canción «Me elevé» es el simple y directo relato de lo que Manuel vivió.

Una vez sobre mi alma
se posó algo de ti.
Escuché que alguien me
hablaba y no era aquí.

No había ruidos allá afuera,
no había sombra en la pared.
Vi mi rostro muy dormido,
creo que no volveré.

Me elevé hasta el fin,
vi una luz y escuché una voz en silencio.

Yo no entiendo ahora despierto
en cuánto tiempo volveré.
Solo siento que algo
inmenso hay después.

Vi una flor en la ventana,
vi una flor y un colibrí.
De algo bello ellos me
hablaban, yo entendí.

Me elevé hasta el fin,
vi una luz y escuché una voz en silencio.

Me amaste en silencio, yo lo sé.
Me hablaste en silencio.
Ahora todo lo entiendo,
yo lo sé.

Obviamente este hombre se convirtió, más allá del arreglista y conceptualizador de mi música, en una fuente inagotable de respuestas a las preguntas más difíciles que existen y que solo un excéntrico como yo podía hacerle. Aquí les copio las preguntas que le hago por WhatsApp en el día a día. Creo que es interesante que figuren un poco la relación. Lo tengo seco, pobre:

Pedro: Manuel, tú una vez me hablaste de la teoría espacial que postula que quizá el cosmos es parte de un átomo de otro ser gigante. Me decías que se llamaba *teoría de la insig nificancia existencial* o algo así. En todo caso, ¿cómo se llama correctamente y quien la postulaba? **Manuel:** No. En realidad es parte de las creencias del hinduismo.

Pedro: ¿Se basa en la astronomía o en la religión?

Manuel: Es religión mezclada con alta filosofía existencial. Postula que todo lo que existe es una manifestación insignificante del poder de Brahma y que en realidad todo lo que entendemos como nuestra realidad es solo una ilusión. No existe. Solo existe lo que no podemos ver. Es tremendamente complejo.

Pedro: ¿Cual es la «prueba» madre de la teoría?

Manuel: En realidad, es dogma mezclado con alta metafísica pura. Se basa en las teorías de lo que ellos llaman *maya* ('ilusión') y *avidyá* ('ignorancia del ser'). *Avidyá* no nos deja ver lo que en realidad somos y lo que en realidad nos rodea del universo. Por eso vivimos en un estado de *maya*. Los puedes buscar por esos nombres, pero desde ya te digo que es más complicado que apagar un incendio en el infierno. Siempre me fascinó esa parte de la tradición religiosa hindú.

Pedro: Buena, gracias. Te pasaste.

Otro día..

Pedro: Manuel, ¿para ti realmente Clapton es superior a todos? Me encanta, pero igual me sorprenden Gilmour, Knopfler o Mick Taylor. Ni qué decir de JefFBeck...

Manuel: De acuerdo contigo. Hizo su carrera clonando *licks* de Robert Johnson y todos los otros bluseros y tuvo buenos singles.

Pedro: Yo sabía que no estaba loco...

Pedro: Manuel, dame tus cinco principales guitarras eléctricas, por favor. Estoy escribiendo un artículo de guitarras para *Somos*.

Manuel: Strato del 68, Tele del 59, Les Paul 55, Gretsch 6118 del 63, Rickenbacker 345 del 68.

Pedro: Ta que eres bravo. Ahí hay como dos palos verdes también. ¡Gracias!

Manuel: Sí. Pero siempre es bueno soñar. Ah, si quieres la yapa, una Epiphone Casino del 61. ¡Un abrazo y gracias!

Pedro: Siento que no tengo guitarras...

Pedro: Manuel.

Manuel: Estoy grabando con Nina en el estudio. Dime.

Pedro: ¡Oe! En Estados Unidos están evacuando las penínsulas. ¿Qué va a pasar?

Manuel: Ese chibolo coreano está loco. Las consecuencias de solo la interceptación de un ataque nuclear serían fatales. Mejor confiemos. Un abrazo.

Pedro: ¿Has visto su misil? ¡Mide como una cuadra!

Manuel: Sí. ¡Está loco!

Pedro: OK. Oremos. Chau.

Pedro: Manuel, ¿por qué Pizarro nunca se ha enfrentado a Messi? ¿Qué tendría que pasar?

Manuel: Que se crucen en la siguiente fase de Champions.

Pedro: ¿Por qué nunca se han cruzado antes?

Manuel: En Europa no se han cruzado y aquí creo que siempre a Pizarro le tocó estar lesionado.

Pedro: OK. Gracias.

Pedro: Manuel, ¿has visto el *Ajá* hoy? Dice: «Se viene guerra a lo "Gangnam Style"»...

Manuel: ¡Qué buena!

Pedro: Manuel, ¿es correcto o está en las escrituras el pedirle a la Virgen? Tú me dijiste que todo lo pida a Dios en nombre de Jesús. Que esa es la forma.

Manuel: No. En las escrituras no aparece nada en torno a pedirle a la Virgen. Lo de pedir en nombre de Jesús sí está en las Escrituras. Lo de María es más una mezcla de tradición con dogma nacido en el sur de Europa durante la Edad Media. Ahora, tampoco es que sea malo. Tú sabes que yo soy de los que piensan que cada uno puede tener una manera personal de relacionarse con lo divino y todas son válidas. Un abrazo.

Pedro: OK. Para terminar. ¿Tú a quién le pides?

Manuel: *A Dios.*

Pedro: ¿A través de Jesús? ¿O directamente?

Manuel: Generalmente de forma directa. A veces también en nombre de Jesús. En realidad, lo hago de las dos maneras. Directo y a nombre de Jesús. Un abrazo.

Pedro: Manuel, ¿por qué el papá de Nina no es musulmán si es turco?

Manuel: Porque es judío sefardita. O sea de origen español y portugués. Cuando los expulsaron de España muchos emigraron a lo que era el Imperio otomano (hoy Turquía), uno de los pocos lugares donde los aceptaron. Hay bastante judíos turcos. Los fundadores de Atlantic Records, Arif Mardin y Ahmet Ertegün, eran judíos turcos y Sylvio los conocía.

Pedro: Anda... ¿Te contó?

Manuel: Sí, claro. No solo eso: él y Arif Mardin fueron compañeros de clase en el colegio Galatasaray de Estambul. He visto sus fotos.

Pedro: ¿Quéeeeeeeeee? Manya. Cuando murió uno de ellos Mick Jagger dio el discurso. No sabía que era tan importante. Y estaban todos los artistas de los años setenta. Todos.

Manuel: Claro. Ellos arrancaron Atlantic con solo seiscientos dólares y un puñado de artistas que nadie conocía. Entre ellos, una morena que muchos pensaban no tenía futuro. Era Aretha Franklin. Mardin produjo su primer disco. Son una leyenda de la industria. Por ellos se acuñó el término *young turks,* que es sinónimo de *osado.*

Pedro: Manya... Buena.

Así como ven, muchos temas pueden ser estudiados y analizados cotidianamente con un amigo como Manuel Garrido Lecca. En un tema fundamental para mí, como es el misterio de la fe, con él tengo la información y criterios elementales a la mano para deshacer una a una mis dudas y confirmar mis certezas.

He vivido siempre rodeado de la profunda fe de mi madre. Mi papá, un poco más rebelde como todo intelectual setentero, tenía una visión más particular del asunto porque fue monaguillo de niño, pensó en ser sacerdote más tarde, pero luego lo dejó todo como muchos de su generación que sufrieron las dictaduras religiosas impuestas drásticamente en los colegios antiguos, donde los curas te jalaban del pelo o te mandaban rezar cincuenta padrenuestros si te masturbabas, o te encerraban y miles de cosas más. La educación religiosa de esa época resintió mucho a esa generación. Luego llegaron los sesenta con todas sus revoluciones y cogió a esa generación en plena adolescencia. Estuvo muy de moda ser comunista, pues lindaba con el *hippismo,* y la manera conservadora de vivir el catolicismo entró en su primera gran crisis.

Sin embargo, mi papá admitía que rezaba el padrenuestro en latín todas las noches antes de dormir. Eso me demostró que la gran generación atea de fines del siglo XX no fue producto de que la fe no sirviese, sino que el haber puesto a curas —preparados para otra cosa— a educar niños fue un error garrafal que tuvo prolongadas consecuencias. Para muchos, esta modalidad educativa dejó a la Iglesia como obsoleta. Sin embargo, mi papá ideológicamente sobrevivió este trauma y siempre admiraba la fe de mi mamá y le gustaba que sus hijos creyeran en Dios.

Desde niños mi mamá asistía con nosotros a la iglesia. Ella, además, asistía a los cultos cristianos, como Agua Viva o Grupo de Oración, porque le entretenían mucho. Siempre nos enseñó que toda congregación cristiana, a pesar de sus miles de variantes (anglicana, adventista, evangelista), se basa en las enseñanzas de Jesús y que siempre tienen interesantes y muy inspiradas prédicas. Esto le ha costado a mi mamá y a mí mismo el celo entendible de estas congregaciones cristianas que critican a otras congregaciones, inclusive de su misma línea, por considerarlas equivocadas. Pero como jamás nos dejamos influenciar por ellos, averiguamos, hablando con sacerdotes, pastores y expertos en historia, «dónde» realmente está Dios. La respuesta es obvia y contundente: está en ti y en la medida en que más paz interior tengas.

Descubrí entonces, analizándolo todo, que el fin del mensaje cristiano es que deshagamos los miles de obstáculos que todos tenemos en nuestra personalidad y que impiden que creamos en la fuerza más grande de todas, que es la fe. Es decir, el temor nos hace creer que algo malo va a pasar inevitablemente, las tentaciones nos hacen cambiar nuestras prioridades en la vida, la mala conducta despierta nuestra esencia kármática y nos convencemos de que lo vamos a pagar; el egoísmo, la ira, la envidia, etcétera, todo eso que parece simple y cotidiano no hace más que ocuparnos sitio en el alma y hacer lucir a la fe como algo tonto, intangible, inservible.

Sin duda el inconsciente necesita de rituales para estructurarse. Desde el recibir un regalo por tu cumpleaños, un chocolate si obtuviste buenas calificaciones, un «buenos días» de tus padres, una flor como señal afectiva, la primera comunión, un paseo por lugares nostálgicos, una graduación, unas palabras de despedida, unas palabras de bienvenida, hasta el hecho de orar antes de dormir. Todas estas costumbres o ritos cotidianos son vitales para la seguridad afectiva y la noción de la vida de una persona. Son elementales para la formación sólida de aquello que sentimos que somos.

Más de una vez he citado a Alejandro Jodorowsky cuando sostiene que la única manera de hablarle al inconsciente se realiza mediante ritos y símbolos. Y vaya que es cierto. Por eso, si dices no tener fe, es porque cometes el error de querer asimilarla solo racionalmente, conscientemente. Es como querer que una bella dama te acepte como novio porque simplemente se lo pides, a diferencia de proponérselo luego de haberla paseado, invitado a cenar y regalarle una carta. Estos pequeños ritos románticos te introdujeron al fondo de su corazón e hicieron que la propuesta posterior sea mucho más exitosa. Igualito se hace con la fe. Debes practicar o ejercer ciertos ritos milenarios que poco a poco van haciéndote entender y asimilar su extraño poder, de manera consciente e inconsciente. Quizá conscientemente no les encuentres sentido —he ahí el error de los ateos—, pero inconscientemente estás abriendo muchas puertas desconocidas que harán que tu energía interior fluya completamente y cambie toda tu percepción del universo. En pocas palabras, cambias tu realidad.

He averiguado la quintaesencia de las invocaciones rituales y se las quiero contar. Me parece fundamental transmitirles estos *tips* que, si bien dentro de una lectura tan concreta como la de este libro pueden lucir fuera de lugar, creo que pueden ser tomadas como información esencial. No se dejen engañar por amuletos o teorías tontas de autorrealización. Modifiquen su inconsciente. Cámbienle de motor a su cuerpo.

INVOCACIONES INFALIBLES: PARA JESÚS

Resulta que lo que esconden las religiones —para que el remordimiento continúe— es que Jesús se dio cuenta de que la humanidad estaba muy maltratada psicológicamente por la culpabilidad. Entonces hizo un canje con su papá (Dios) para que nadie se sintiera víctima de ese mal tan terrible que tanto daño hace, y pactó por siempre la salvación —entiéndase liberación— de toda la futura humanidad, se portasen bien o se portasen mal. Para pedir deseos gigantes en esa época se hacían sacrificios, mientras más costosos, más prometedores: animales, hombres, mujeres, vírgenes, niños. Y Jesús se entregó facilito.

Muchos se preguntan por qué Jesús se dejó matar tan fácil. Es porque tenía ese plan de antemano y, además, estaba profetizado. Todo el mensaje de Jesús es que te acuerdes de invocarlo cuando te dirijas al Padre, al Maestro, a Dios que está en tu interior. Pues la muerte en la cruz es un acto que facilita el favor de Dios hacia ti cuando lo invocas. Esto es realmente una perlita. Ojo, una perlita que en el oído del necio suena a cuento. Pero no. Es cuento todo el resto de invocaciones. Esta es la madre de todas:

«Dios, Padre, Maestro, Jehovah, Yahvé (como te provoque), te pido, por la bendita y poderosa sangre de tu hijo Jesús, traigas paz a mi corazón (o calmes mi dolencia, o cures a tal, o traigas trabajo). Te lo pido por la bendita y poderosa sangre de tu hijo Jesús. Amén».

Y le vas recordando en tu meditar que su hijo sufrió tanto para salvar a la humanidad de la culpabilidad, del pecado, del mal. Que lo recuerde, dile que tú sabes que Él y su hijo Jesús te aman, así te portes mal porque pides perdón y listo.

El pecado no es como comúnmente se concibe. El pecado es una reacción natural instintiva que tiene el humano cuando hace algo dañino. Lo ves hasta en un niño de uno o dos años. Cuando hace algo malicioso o astuto, te mira de reojo. No llevamos el pecado dentro, llevamos la inevitable capacidad de descubrirlo. Y eso sí o sí te genera, en pequeña o en gran cantidad, aquello tan marchitante que es la culpabilidad. Bueno fuera acumularla en la conciencia, que es donde al menos puedes percibirla y confesarla a un amigo, pero en vez de ser visible muchas veces se va al inconsciente, en donde se va acumulando y acumulando hasta llenarte de pesar, depresiones, insatisfacciones, pérdida de las defensas y muchos otros desórdenes que parten del alma.

Eso sabía Jesús de Nazaret, que el hombre era kármático por naturaleza y que consciente o inconscientemente buscaba o esperaba un castigo para sus faltas. Por eso nos dio los *tips* para desprogramar esa tendencia kármática y liberarnos de nuestros remordimientos o culpabilidades. Su lógica es justamente romper la lógica.

Por eso muchos discuten o se enfrentan con los creyentes. Piensan que los creyentes se basan en la pura necesidad irracional de creer en algo llamado Dios, como decía Cari Sagan. En realidad, lo que se obtiene de creer en Dios es muchísimo más fructífero que lo que se obtiene de no creer en Él. Y esto no es novedad, pues ya lo había dicho Pascal. Y lo fructífero es que consigues, a través de la comunicación personal con tu interior, en las palabras a Dios padre y su hijo Jesús, deshacer tus karmas, empezar de cero, resetearte todos los días.

Quienes cargan karmas no lo perciben, sienten que su vida es completamente normal, sin remordimientos ni angustias. Pero si les quitas el dinero, la novia, el trabajo o cualquier elemento contextué de base, se vuelven locos. O piensan que están pagando por algo, así sean ateos. Porque su aparente paz estaba basada en una situación que no ponía a prueba 5iu esperanza. Sin embargo, cuando empiezas a limpiar tus karmas, o, mejor dicho, a anularlos, sientes algo inexplicable, una sublime libertad y paz que se acrecienta con las adversidades. Es inexplicable. Por eso es que nadie que haya descubierto los beneficios de la fe regresa al estado de no tener fe.

Cuando te diriges a Dios, Padre, Maestro, Jehovah, Yahvé, ya es un mensaje que está llegando a lo más profundo de tu interior, adonde solo llegas meditando. Ahí donde habita el maestro.

Toda la raza humana tiene ese maestro, y poquísimos lo saben. En diferentes culturas este maestro tiene diferentes nombres, dependiendo de la práctica. La cosa es llegar al centro de tu amor, al caldero, a la llama misma de tu amor, el contacto con lo más sublime, esencial, bueno e infinito que puedas sentir. Una vez que estés embriagado de bondad, invócale a Su Hijo y vas con todo aquello de que El murió y sufrió por nosotros. Entonces, como que le dices: «Ey, Dios, no me olvido, lo recuerdo muy bien, está escrito, Tu Hijo dijo que en su nombre cualquier cosa pedida a ti nos será dada».

Con eso nomás establecerás un relajamiento total del que no querrás salir. Porque hay mil fuerzas por todos lados dando vueltas, pero no hay ninguna más poderosa, placentera y generosa que lo que estoy contando. Le dicen el misterio de la santísima trinidad, que el Padre (Dios), el Hijo (Jesús) y el Espíritu Santo (sentir a Dios en ti) sean una misma cosa los tres juntos. La invocación surte efecto rapidísimo y no se trata de que creas o no, porque inclusive tu no creer no impedirá que esto exista. Existe y punto.

Actúen como si estuvieran en esa época. De eso se trata, de hacer las cosas como se hacían originalmente. No lo relacionen con la gente beata, ahí suena poco atractivo. Esto es antiguo, milenario, y estaba escrito desde antes que Jesús naciera.

La vida anda buscando verdades y esta es una de las más poderosas: la razón por la que ese pata llamado Jesús se dejó matar. Fue un trueque con Su Padre, el maestro, para que tú tengas su poder por unos segundos y lo utilices a tu favor en circunstancias extremas.

El catolicismo medieval reservó esta información para que los sacerdotes manejaran estas invocaciones y tuviésemos que recurrir a ellos. La gente se quedó ignorante de todas estas herramientas, y por muchos siglos, sobre todo en la Edad Media, el pobre se mantuvo pobre, manipulado y dependiente de las decisiones políticas de la Iglesia.

La Biblia es un manual de *tips* para volverte, según Jesús, como Él. Lamentablemente, la Biblia recién se vendió de forma masiva hace cincuenta años. Antes se vendían, sí, pero carísimas y eran unos armatostes de veinte kilos usados solo para las misas. La humanidad ha deambulado por más de diecinueve siglos en la ignorancia. Obviamente, el mundo no sabe nada y se aburre si abre la Biblia, porque también existe una invocación para entenderla. Es simplemente pedirle inspiración al Espíritu Santo. Si no la haces, solo leerás nubes, peces, arboles, reyes, ángeles, panes, vino, flores, y así sucesiva y repetidamente, sin razón, lo mismo en todas sus páginas. A mí me tomó muchísimo tiempo entender la Biblia. Siempre amé proverbios por influencia de mi madre, pero el resto se me hacía sin sentido. Con las invocaciones la figura cambia completamente. Es como echarle agua a palabras secas.

Lamentablemente, el estrés siempre busca salidas rápidas, y eso solo está en los placeres: comer, dormir, sexo, *shopping, cash,* trago. Pero los placeres satisfacen solo por momentos. No proyectan nada. Tendrás nuevamente sueño, ganas de sexo, de comprar, etcétera. Hay que salir de ese tipo de juego. Ese juego nos atrapó y atrapa a la gente hace años. No hay que buscar la felicidad a través de la satisfacción, de los placeres. Hay que hacerlo a través de algo más durable: el gozo.

Gozo es lo que sientes hoy, es como una medallita en tu alma que tú mismo te regalaste. Es inexplicable. La satisfacción de haber hecho lo correcto, que es mucho más duradera que lo que te otorgan los placeres.

Mi vida con las mujeres

Mi relación con las mujeres

He conocido a muchas chicas especiales durante mi vida. El ser artista atrae mucho a las mujeres con grandes curiosidades. Muchos hombres inteligentes y curiosos llegan a uno con preguntas difíciles, pero las mujeres tienen una curiosidad distinta. Si bien dominan intelectualmente todo tema, su enfrentamiento a los vacíos filosóficos son más sentidos que en los hombres. El hombre no se los toma tan en serio. Es fácil atenderle alguna pregunta de corte existencial a un hombre. Contestarle a una mujer no es nada fácil. No solamente debes hacerlo, sino que debes encargarte de ella siquiera por un momento. Sus preguntas siempre piden una dosis de compañía o de amistad. Nunca he pensado que la mujer busque sexo. Jamás. El hombre sí. Ellas, pienso yo, aplican el sexo para redondear el vínculo con alguien. No generan el vínculo para obtener sexo como quizá se asume de nosotros los hombres. De ahí la famosa frase: «El hombre da amor para recibir sexo, pero la mujer da sexo para recibir amor».

Veo mucha sensualidad femenina al inicio de una relación, cuando están emocionadas con la llegada del compañero. Son muy generosas al inicio y otorgan momentos de placer sin objeción alguna. Pero conforme la relación se va solidificando y madurando, es decir, cuando ya hay más seguridad sobre la permanencia de ese compañero a su lado, la disposición sexual femenina decrece. Es casi una ley. A mayor seguridad sobre la pareja, menor sexualidad por parte de ella. Esto, si bien no anula que exista el goce sexual femenino, demuestra que las ganas femeninas son propulsadas por factores afectivos, sentimentales y de novedad. Cuando estos tres factores están nivelados y satisfechos nuevamente, la sexualidad femenina se tranquiliza, pienso yo.

Ocurre entonces un interesante fenómeno que los hombres deben experimentar, ya que pienso que el sexo para el hombre es un fin y para la mujer es un medio. Y es que vale la pena practicar siquiera una vez en la vida el ejercicio de darles a las mujeres aquello que realmente buscan sin contraponerles una seducción a cambio. Las seducciones funcionan generalmente debido a la necesidad afectiva, sentimental o filosófica de ella. Pero imaginemos el escenario de un hombre que se «saltea» el sexo con una mujer. En la mayoría de casos a ellas no les va a molestar. Sobre todo si el hombre va a atender sus reales necesidades emotivas. Un ejemplo típico es el niño estudioso enamorado de la chica bonita de la clase, y que por estar ilusionado con ella le ayuda con las tareas, los exámenes y los trabajos. Si este niño tímido y estudioso fuese un poco más astuto, le haría las cosas un poquito más difíciles a la chica bonita y se iría con otras chicas, para generar en ella celos que de hecho la harían actuar más coquetamente con él y recuperar su atención y su ayuda. Para mí, la base de la pareja es la atracción personal y física que siente el hombre por la mujer, esa conducta randomiana y maternal que la mujer tiene llena de vida al hombre y se vuelve prácticamente el motivo de su vida. La mujer no puede vivir sin esa actitud simple y tonta del hombre que le da tanta seguridad, tranquilidad y sobre todo neutraliza sus conflictos.

¿Qué tal si le damos directamente de nuestra fuente de vida sin pedir nada a cambio a una mujer bella? Sé que el ejercicio es difícil, pero a mí siempre se me ha hecho fácil porque la gente desconocida que se acerca a ti y te consulta cosas con apertura y calidez está dentro de la categoría de admiradores. Y esos son quienes más respeto por parte mía deben recibir. Son seres intocables desde todo punto de vista. Gustándome mucho el género femenino he tenido entidades controladoras más allá de mi propia moral para no desbandarme. Una de ellas ha sido la necesidad de no involucrarme en escándalos. Estoy en la situación perfecta para escuchar a las mujeres sin aprovecharme de ellas. Algo muy común para un ginecólogo o para un artista que ha luchado por mantenerse en la decencia como yo. No puedo decir lo mismo de la mayoría de cantantes de rock, salsa o balada. Ni de jóvenes y solteros abogados de divorcios o *personal trainers*. Ellos toman lo que desean cuando encuentran la oportunidad y no ponen nada en riesgo. Muchas veces he envidiado esa valentía.

Yo no he gozado, gracias a Dios, de ese coraje; me hubiese desbandado. Mi paranoia al escándalo ha sido un excelente educador de mi propia conducta. Por eso escribí esta carta como respuesta a la eterna curiosidad femenina sobre la vida y la melancolía. Pienso que sí hay vida más allá del encanto que aparece entre un hombre y una mujer. Ellas son extensas, curiosas, un mundo cada una. Los hombres son más normales, pero depende mucho de si son inteligentes o no para darte un buen momento. Con las mujeres no ocurre eso. Pueden ser inteligentes o poco inteligentes, pero siempre serán ocurrentes y cambiantes, cosa que llena de vida la tonta y simple vida del hombre.

Esta carismática combinación de factores en la personalidad femenina en un principio es energizante y entretenida para el varón. Pero es difícil de manejar cuando la relación pasa por momentos difíciles. Porque toda esa acogedora excentricidad femenina es un asunto complicado cuando quieres hablar muy seriamente con ella. Con una mujer solo funciona el diálogo, jamás la discusión. Si ella está alterada, no debe haber discusión en lo absoluto, sino solo estarías apagando fuego con gasolina. Dialogar es querer oír al otro, discutir es solo querer ser escuchado. Por eso se llega muy lejos con una dama si jamás discutes con ella y solo dialogas. Muérdete la lengua en los malos momentos y deja que ella goce haciéndose oír. Luego, en la calma, dialoga. Te escuchará y lo hará con mucha asimilación, porque en el fondo la mujer ama escuchar y aprender del hombre.

Todas las chicas son especiales y quieren que les hablemos en un lenguaje de balada: si tu lenguaje no la encanta, no penetras el alma de una mujer. El idioma con la mujer no es tu idioma, es el idioma del paisaje. Saber cuál es ese paisaje no depende de ti. Ella decide su curiosidad por ti o no. Ahí no hay mucho que hacer. Ningún hombre conquista a ninguna mujer. El hombre solo avanza cuando recibe señales de que puede continuar hablando o cortejando. Esas señales son sonrisas, repreguntas, posturas, idioma corporal, entre otras. Solo hay que saber interpretarlas.

Qué elementales somos los hombres

Recibí tu carta. Me sorprendió y me honró. Qué extensa. Pero no me aburrí. Aunque sé que no me la dedicaste, sino que solo buscabas un receptor, igual me alegra. El domingo fui al Olivar. Es una rutina linda desde niño. Quizá tu lugar más que el mío. Y eso que yo lo siento como mi jardín. En ese parque siempre estás en el mismo momento toda la vida. El tiempo no pasa jamás. Lo mejor es que ninguna avenida importante lo cruza o rodea. Eso hace que prácticamente nadie lo conozca, solo los lugareños. No pasa lo mismo con otro parque. Quizá con el Mariscal Castilla de La Aurora, pero el Olivar es cinco veces más grande y más bonito. Es un mundo aparte. Esas bellas casas antiguas y esa vereda roja que de noche es tan tranquila y llena de aire puro. Cuántos recuerdos me trae. El Olivar, patrón de felicidad para medir la felicidad por el resto de nuestras vidas. Sé que el día que vuelvas a sentir esas sensaciones de cuando eras niña dirás que por fin eres feliz plenamente. Te lo aseguro. La vida es un inmenso viaje que tiene como única meta volver al inicio.

Tu texto es buenazo. Me sorprende tu intelecto y los enredos que te trae. Quizá es que andas en la búsqueda de esa felicidad de cuando tu papá y tu mamá estaban juntos y no perdonas que lo nuevo no le sea exacto. No te conozco tanto, pero no hay esfuerzo en dedicarte unas palabras, me sale solito. Siempre critiqué a Oscar Wilde por decir: «La belleza supera a la inteligencia porque no tiene que dar explicaciones». Sin embargo, una vez más las palabras de Wilde me noquearon de tan ciertas que son. Hay cosas que deduces fácilmente de los demás con solo verlos. En tu caso, si no le prestara atención a tu interesante personalidad, sin problema alguno me llenaría con tu apariencia. Qué elementales somos los hombres.

LA DIFERENCIA ENTRE LOS HOMBRES Y LAS MUJERES

Veo en la tele miles de chicas de la farándula diciendo con respecto al individuo con el que salían: «Nos queríamos, planeábamos casarnos», y el pata queda desconcertado porque jamás había abierto la boca sobre ese tema. Veo, con cierta pena, cómo ellas lloran y ellos quedan congelados del estupor. Pienso que ellas al inicio se acercaron liberalmente, con frescura, sin compromiso, dispuestas a todo, y el ingenuo o tonto individuo creyó que todo era regalado y cayó en el juego. Luego, ¡zas!, ¡cambia la realidad! Así es la diferencia de los sexos. Las chicas no pueden bajar a tierra, poner en negro sobre blanco que tuvieron ganas; lo sentimentalizan obligatoriamente.

Con esto, pareciera que los hombres somos insensibles o fríos ante el tema. Se nos acusa de ello. Pero creo que al final somos hasta más sentimentales que las mujeres. Solo que nuestros roles en el escenario de la vida consisten en lucir duros nosotros y frágiles ellas. ¿Pero habrá una realidad más falsa que esa? Digo, jamás el hombre tendrá la valentía de la mujer. Ni la tolerancia al dolor de la mujer. Ambos curiosamente van mutando hacia la personalidad opuesta con la edad. El hombre con los años, si bien gana mucho atractivo con su experimentado discurso y la pérdida de la ansiedad juvenil, pierde mucha seguridad y actitud intrépida. Si son mayores de cuarenta y están divorciados o solteros, le huyen al amor. Por eso, si se enamoran, generalmente prefieren evitarlo porque la psicodependencia con alguien los pone muy nerviosos. Ellas, en cambio, si bien nunca están contentas con su físico, hasta las más bellas, si son mayores de cuarenta y están solteras o divorciadas, tienen una admirable seguridad para apostar por el amor. Se ilusionan perdidamente y jamás economizan tontamente sus sentimientos como el hombre. En pocas palabras, no son cobardes para el amor.

Esto en cuanto a la edad madura. Durante la juventud están borrosas las igualdades entre ambos sexos. Es curioso cómo hay mucha vergüenza femenina en la cultura latinoamericana. La actitud sexual en el hombre no es mal vista, pero en la mujer sí lo es. Eso genera muchos conflictos, porque al final ambos son igual de sexuales en lo privado. Pero en lo público hay mucha negación de la esencia sexual femenina por parte de las mujeres. No aceptan su naturaleza. Es muy difícil que una mujer acepte que está excitada con alguien. Dirán que es gracioso, simpático, amigable, que las sabe escuchar, que es interesante, pero no admitirán que están muy estimuladas en lo femenino. De ahí parte toda la incompatibilidad entre los sexos. Las mujeres son sexualmente implícitas y los hombres, sexual- mente explícitos. Dicen del sexo que los hombres lo hablan y las mujeres lo hacen. Creo que eso resume todo. Es difícil que una mujer, sobre todo joven, admita ganas a pesar de sentirlas. Generalmente admiten ganas de compañía o de cariño o que simpatizan con alguien, pero nada directamente sexual. El hombre sí acepta sus intenciones sexuales desde el principio. Hombre y mujer piensan distinto, pero ambos llegan igual al acto.

Solo he visto la igualdad sexual en Europa. Ni siquiera en Estados Unidos. Y los hombres que reclamábamos igualdad sexual desde niños, que buscábamos a esa mujer que solo tuviera ganas como nosotros de experimentar, cuando la encontramos sufrimos mucho con su independencia y su capacidad de tener encuentros sexuales sin compromiso alguno. Los hombres latinos estamos atrapados entre la necesidad de conocer mujeres liberales y el no poder evitar enamorarnos posesivamente de ellas. Esta melcocha cultural tan internamente conflictiva ocurre en todo ámbito latinoamericano. Política, deporte, cultura. Tenemos muchas tendencias contradictorias que al final solo nos generan resentimiento.

¿Por qué tus amigas de toda la vida, cada vez que salen con alguien nuevo, se olvidan de ti por meses?

Las mujeres odian que les digan ingratas, porque, según ellas, jamás lo son. En realidad, las mujeres tienen un *software* en el alma que no saben que llevan y que las maneja totalmente, pero ellas no se dan cuenta. Y ese programa es el talento innato de hacer sentir adorado a un nuevo hombre que les guste. Pero es inconsciente y por eso no lo acep- 84 tan Cuando están con un hombre nuevo se olvidan de todo porque ese hombre nuevo tiene que convencerse de que las ha conquistado como nadie lo ha hecho antes. Solo cuando acaban la relación, este estado de ficción aduladora ya no es necesario. Entonces las mujeres regresan a contactarse con los viejos amigos, pues ya no le deben esa imagen de «conquistadas hasta los huesos» a nadie. Por eso dejan de llamarte y luego te llaman cuando ya no están con nadie.

Esta programación natural es la semilla de la humanidad, la generación de núcleos para una posterior familia u hogar. Todo parte de la capacidad de hacerle sentir a cada nuevo hombre el «único» amor de sus vidas. Cuando están con ese hombre, nada de nada se le compara, el hombre es increíble. Y nosotros les creemos, pues la verdad estamos donde nos adulan y dicen necesitarnos. Finalmente, y como siempre, nuestro ego nos mata.

Como dice mi canción: «Qué habilidad que tienen las mujeres para que tu alma esté convencida de que, aunque pasen mil años, tú siempre vas a ser el gran amor de sus vidas».

La mujer busca al astuto para tener aventuras y al bondadoso para formar pareja

También he descubierto que en el fondo a la mujer no le gusta ser abrumada, quizá para un *flirt*, pero con el hombre que escogen como pareja esto no funciona. Les asusta que sean más astutos que ellas. Sin embargo, si somos bondadosos ellas buscarán no hacernos sentir tontitos y actuarán como «hipnotizadas» y abrumadas por nuestro encanto *nerd*. Y así, siempre nos hacen caer, pues una vez más nos hacen creer ingenuamente que las dominamos. Y es que, aunque conozcamos ya la historia, sigue repitiéndose. La naturaleza es la única que comparte esta regla.

Hombres para el gusto y hombres para el gasto

Dirán que estoy loco, pero mi trabajo y la facilidad que tengo para ser el confidente de muchas amigas de toda edad me ha develado el inconsciente chip preservador de la humanidad que tienen las mujeres. He logrado conocer cómo separan a los tipos de hombre tanto para romances breves como para esposos.

Nadie lo creería, es alucinante. Las más astutas dicen: «Ese es mi tipo de hombre», cuando la verdad ese hombre es el que está por debajo de sus poderes y que saben secretamente que no las superan en viveza. Así no andarán paranoicas. Las únicas mujeres que gustan de los hombres astutos son las inocentes, las bien pensadas. Todo se complementa en esta vida. El bien y el mal en el amor siempre se atraen. Esa es la explicación a tanto corazón roto.

UNA PERSPECTIVA MUY FEMENINA

Es muy vertical la hipótesis femenina de que todos los hombres son iguales y tienen el mismo manual de instrucciones. Es peligroso. Pone la perspectiva de la vida femenina en serios riesgos. Se concentran en el punto final, el sexo. Es verdad, todos lo hacemos, al igual que todos comemos, dormimos, reímos, soñamos. Pero no se puede interpretar la vida solo por el final. ¿Qué es del día si solo se piensa en que acaba en dormir? ¿Qué es de lo bebido si solo se piensa que lo vas a orinar? Es cierto que al final la vida es elemental, pero uno escoge en qué fijarse y de ahí sale la perspectiva de la vida.

Por ejemplo, no se puede estar pendiente del final de una relación hombre-mujer. ¿Qué hay sino de la trayectoria? Este mensaje va para mis amigas: Encuentren a alguien bueno, que las toque bonito, que sea culto —atraen los cultos— y sobre todo que tenga el mismo éxito que ustedes con el sexo opuesto. Sean valientes, amen a sus semejantes. Dejen de lado a la gente inocente o por debajo de sus astucias. Dejen al azar las cosas un poco. Rompan un poco los proyectos, no planeen tanto. Toda esa estrategia, toda planificación hará de su vida una farsa. Es como contarles a todos los niños de cuatro años que Santa Claus no existe, como decirles a los adolescentes que ese no es el amor de sus vidas, como hablar en todos los medios que la política es corrupción.

La mayoría de las veces, tener una clara la noción de las verdades nos aleja del maravilloso cuento de la vida.

¿Por qué nos enamoramos de ellas?

Los hombres, al parecer, tenemos más facilidad para vivir la sexualidad sin «sentimentalizarnos». Es obvio que existen mujeres que también pueden hacer lo mismo, pero definitivamente no son la mayoría. La gran parte de las mujeres deben sentir algo especial por alguien para poder tener relaciones sexuales. Sin embargo, hay dentro de toda esa aparente invulnerabilidad sentimental del hombre un momento en el que pierde toda su hegemonía semental, toda su solidez que lo hace inquebrantable ante cualquier encariñamiento, y cae cazado como un ave en pleno vuelo. Todo por una repentina vuelta al útero.

Llega un momento, que no es nada común y que no es durante el acto sexual sino justo después, en el que sentimos una extraña paz y tranquilidad apoyados en el pecho o cuello de la mujer. Como una comodidad inusual. Recordemos que ellas tienen ese don. Llevan la maternalidad en la piel, y nosotros, así no lo recordemos, llevamos en el inconsciente todas las sensaciones de paz que teníamos en el útero de nuestras madres. Entonces ese calor, esa aura única en las mujeres, si nos contacta físicamente en un momento de descanso, de sinceridad, de reflexión, nos genera inconscientemente un *flashback* a la paz que teníamos en el vientre materno y quedamos prendados de esta nueva mujer irremediablemente. Se sincronizan las huellas mentales de esa remota época con la sensación presente y nuestra mente en ese momento, ¡zas!, concibe que esa mujer es *la* mujer. Nos atamos en cuerpo y alma irremediablemente a la mujer que esté a nuestro lado. Nos enamoramos.

Toda esta explicación, recogida de muchos relatos, experiencias y sobre todo de aquellas veces en las que hombres de apariencia inescrutable y reacios al amor terminan enamorados hasta los tuétanos de la mujer menos esperada o inconveniente, coincide con una frase que un taxista peruano en Miami me dijo una vez: «Compadrito, si tienes una noche de amor con una mujer hermosa, huye antes del amanecer». Yo le dije que por qué y me contestó: «Si te da el amanecer con ella, y no por borracho, es porque quisiste quedarte. Entonces ya le perteneces». Me sonó tosco al principio, pero en el fondo tenía mucha razón.

Muchos me dirán que hay muchos motivos para enamorarse de una mujer fuera del ámbito sexual. No lo discuto. Yo me he enamorado de chicas que jamás toqué. Sin embargo, debemos estar atentos a esta realidad que expliqué líneas arriba, porque ahí reside la semilla de muchísimas relaciones irresistibles. Si este fenómeno de la vuelta al útero no fuese cierto, entonces no habría infidelidades ni amantes en el mundo ni enamoramientos inexplicables. Siempre se le acusó a Yoko Ono de haber hecho eso con John Lennon. No en vano John le decía «madre» a Yoko. Y la peor parte de este tipo de enamoramientos en donde te maneja el inconsciente es que esperamos de esta nueva mujer la incondicionalidad de nuestras madres. Estamos convencidos de que jamás nos van a dañar, y ahí ya entramos en lo utópico, lo que garantiza una pronta decepción.

Ahora, muchos se preguntarán: «¿Acaso las mujeres no buscan también al padre y caen por ello?». Es posible. Sobre todo si el hombre otorgó buena sensualidad. Pero esa es debilidad solo de las buenas. Las astutas no pisan ese palito así se enamoren. En el caso de los hombres buenos, astutos, malos, ricos y pobres, todos caen por igual. No he leído en ninguna escritura milenaria que la mujer deba cuidarse de la tentación masculina. Nosotros somos los que tendemos a caer en el candor femenino.

Azores (un cuento de a dos)

Él vio a una mujer muy hermosa en un avión. Ella no vio a nadie, trabajaba duro, era disciplinada.

Él pensó que solo era bonita y de trasero enorme, no planeó ir más allá, pero ella pasaba y pasaba, era su trabajo.

El vuelo era largo, él no pudo controlar la atracción por esa mujer. Fue mucho el tiempo viéndola. Ella por suerte no lo notó.

Él no podía creer que le gustara una azafata, porque nunca sabes dónde están, pero las horas pasaban, el vuelo iba a terminar y ella se iba a ir para siempre. No había tiempo para filosofar.

Ella lo miró de reojo una vez, pero nunca le sonrió. El detectó la mirada como si hubiera sido un milagro y se le acercó a pedirle una repetición de comida. Ella lo volvió a mirar, no le dijo nada y se la dio.

Él regresó luego a la cocina para agradecerle el gesto, y le preguntó si por casualidad era escorpio.

Ella le dijo que no. Luego ella supo que sí, que ese era su ascendente.

Al rato de ese encuentro, él le pidió el correo. Ella descubrió que estaban rompiendo conductas y no le dio nada.

Él regresó a su sitio sin entender qué había pasado. Sí logró sentir que le gustó, pero al final ella parecía haber abandonado el juego.

Después de horas, cuando él se abrochaba el cinturón para aterrizar, ella, revisando a los pasajeros, pasó a su lado rápidamente y sin mirarlo le tiró su correo. El lo guardó y no quiso apurarse. Inconscientemente él no quería que fuera una aventura. Él no volteó, no dijo adiós, ni gracias. Entendió la discreción.

Él le escribió luego sin presionar, sin insistir, pero detallando todo lo que sintió al verla. Quería desahogarse. Ella agradeció, halagó el texto, explicó que tuvo curiosidad sobre el esoterismo, pero tenía novio y decidió no verlo.

Él no escribió más, confiaba en que le había caído bien y en no presionar al futuro. Ella hizo su vida.

Él viajaba y conocía personas de vez en cuando. Seguía tomando aviones y conversando con pasajeros, pasajeras, azafatas y *pursers*, hasta que luego de mucho tiempo en un vuelo largo otra bonita aeromoza le mencionó el nombre de ella de casualidad, de aquella con la que él no insistió jamás, a pesar de su rostro y trasero impresionante.

Él se olvidó de todo con la azafata con quien estaba hablando. Se abstrajo. Tuvo un *flashback*. Algo golpeó su mente, pues si con alguna azafata quería conversar tenía que ser con aquella que le impresionó hace tiempo, y precisamente estaba viajando a su país. Sintió el llamado del destino.

Ya en el hotel, él le escribe después de dos años. Ella le contesta. Él le escribe, ella le vuelve a contestar.

Finalmente, ella decide ir a verlo, pues quedó sorprendida con que él la recuerde y que, pese a tener su correo, nunca haya sido insistente. Ella también se sorprende de recordarlo.

Él comprueba con entusiasmo que caer bien nunca pasa de moda.

Él escogía ropa para vender en los almacenes de su país. Tenía reuniones siempre. La invita a cenar o, mejor dicho, a un evento. Ella pregunta si puede ir con alguien. No había opción. Él acepta. Total, todo iba a ser gratis.

Todo el grupo conversaba en el restaurante. Ella entra con una pareja de amigos. Entra con cara de «qué demonios hago aquí». Parece que descubrió que estaba cometiendo una locura. Aun así se queda.

Él nota que, a pesar de su incomodidad, ella no se va. Detecta en ella extravío, pero curiosidad. Era suficiente. Se mantenía el encanto.

Él la mira, solo espera. No se siente impulsivo. Ella luce responsable. Él no quiere confundirse, no le provoca encimar, ese año decide ser un hombre mejor.

Todos pasan al bufet. Él le pregunta nuevamente si quiere ir. Ella acepta y lo sigue con sus amigos. Ya en el restaurante, él no puede creer que ella sea ella y que esté a su lado, a pesar de su pequeña pandilla. Se miran de reojo por última vez.

Ella se cuida de dar señales esta vez. Baja mucho la mirada. Él la siente buena, modesta.

Él está cansado y más cansado aún porque había muchos alrededor. Él no se podía ir con ella de ahí. Todo jugaba en contra, hasta la inexplicable consideración que él empezó a sentir hacia ella.

Él estaba frustrado, pero curiosamente resignado, y parecía que se iban a volver a separar para siempre.

Todos salen del restaurante. Era difícil que él se acerque a ella sin ser notado. Sin lucir vulgar. Solo quedaba una última y corta oportunidad: el beso de despedida.

Él se acerca y, antes de darle un beso, le dice que le parece que está cansada. Ella dice que no. Él despertó, pues ella le dio a entender que le agradaba estar con él.

Ella lo sigue en el auto con sus dos amigos hasta el hotel donde dormía y lo esperan afuera. Ella no tenía idea de qué estaba pasando, pero no se iba, no cancelaba nada. Él sentía que el tiempo le iba a dar la razón.

Él se fue con todos a un bar que ya estaba cerrando y de pronto los amigos de ella, aburridos de tontear tantas horas, deciden irse. Ella no se incomoda.

De pronto ya estaba a solas. Volvieron al auto para dejarlo en el hotel. La película simplemente empezó a rodar.

Ella lo llevó a un hermoso parque en el centro. Quería conversar. Bajaron, caminaron. Hablaron. Nunca lo habían hecho. No había explicación, nadie los había presentado y ya estaban solos. Y deseaban seguir juntos. Era inexplicable.

Ella habló de su vida, se volvió una parlanchina de la nada y él la escuchaba. Él no planeó nada con ella esa noche.

Él no acostumbraba a pasear por parques si intentaba algo con alguien, pero esta vez lo hacía y lo disfrutaba. Ella, por lo visto, necesitaba mucho ser escuchada.

El no aguantó más y la besó bajo unos arbustos. Ella se dejó, mientras preguntaba por qué lo hacían. Él se derrite con su personalidad. Se olvida de su trasero.

Sentían que venían muchos besos más y se fueron a estar a solas, pero no encontraron lugar. Ella detecta las costumbres de él. Su apetito. Él detecta que ella lo descubre.

Él solo la abraza y la besa. Ella solo lo abraza y lo besa. Su madre la llama, ella se tiene que ir. Viven solas. Se despiden. Él no quiso presionar con ninguna pregunta. Si amas a alguien, déjalo ir, como dice la canción.

El le escribe al día siguiente, no quedaba tiempo. Ella lo había descubierto y había que actuar antes que la flor se cierre.

Ella lo recordaba, acepta verlo, pero ya estaba decidida a no entregarse. Es más, le pone las cosas claras antes siquiera de saludarse. Ella quiere salirse rápido del hotel adonde fue a recogerlo.

A él se le complica el trabajo, pero confía en su tacto, era la única manera, la última carta para que su piel tocara su piel, pues racionalmente ya no había entrada.

Pasearon por parques y calles, se besaban brevemente en cada rincón oscuro. Sus pieles solo querían contactarse. Se obsesionaron inexplicablemente.

Conversaron mucho y se tocaban mucho. Les avergonzó lucir ridículos en la calle. Extrañaban besarse como anoche. El cuerpo de ella cedió y ella lo sabía. Cayó en su juego.

Ella le pidió consideración y que no la dañara. Él lo sabía y por un momento no quiso seguir. Él cayó en su juego.

Él tomó aire y se acordó de cuánto le gustó en el avión, de cuánto le gustaba ahora. No podía darle un ataque de piedad de pronto. Debía continuar.

Ella le pidió a su manera no ser una más, no sentirse mal después. Él imaginó a todas las mujeres de su familia en la misma situación y le hizo caso.

Él lamentaba estas repentinas consideraciones. Era una lucha terrible y decidió encender la difícil función de amar. Algo de lo que nos cuidamos mucho los hombres. Era el único camino para no sentirse mal.

Ella lo besaba y le frotaba las manos por la espalda, ella lo necesitaba también. Necesitaban estar juntos, entregarse. Era incomprensible, inusual. Corrieron al hotel. Tiraron los sacos al piso.

Hicieron el amor.

Luego no dejaron de buscar hoteles, de verse, de hablarse, de tocarse, de aceptarse. Él le contó cosas que nadie sabe y ella hizo lo mismo.

Ella descubre que la atracción era indetenible y le ofrece su departamento para seguir. El mundo era dentro de ellos mismos. Ellos lo encontraban y solo querían un lugar para seguir viajando dentro de ellos mismos.

Insólitamente, justo esos nueve días ella no tuvo vuelos. Fue extremadamente intenso. La realidad del planeta entero desapareció.

Varias veces juntos, él se encontraba con lágrimas en el rostro de ella de solo pensar en que algún día tenían que decirse adiós.

Él, mientras ella dormía, le escribía correos y le decía cosas al oído. Ella sonreía dormida, pero no recordaba nada al despertar. Y quería que se lo contara después. Se acostumbraron a ese tonteo.

Ella le cantaba mientras él le hacía el amor suavemente. A él nunca le había pasado, eran sensaciones nuevas, desconocidas. Él se derrite con su personalidad. Pero todo debe acabar. Él debe regresar. Sabe que está en medio de una burbuja, de un opio gigantesco.

Ella le dice que espera encontrar a un hombre que le haga sentir lo mismo, confianza, placer y amor.

Hablan de todo. Van más allá. La comunicación se vuelve peligrosa. No se mienten. Hablan con sus amistades por teléfono con altavoces para que el otro escuche, desnudos.

El le cuenta cosas. Ella lo abraza, se arrulla con sus

historias.

El acepta que ella le ayuda. Ella le pide que sea bueno.

El ríe con su madre por teléfono. Ella llora con su padre por teléfono. Él es infiel, ella no. Él se sobrestima, ella se subestima.

Pero ellos se entienden.

Ella lo recoge todos los días de donde él esté. No hay distancias, las rompieron; no hay tiempo, lo rompieron.

Pasan las noches juntos. Desayunan, almuerzan, cenan, salen y vuelven. Horas de horas. Amanece y anochece sin que ellos se den cuenta.

Ella come trozos de piña de la boca de él. Ya no podía comer la fruta de otra manera. La situación era indetenible.

Ambos no concluyen que valió la pena. Concluyen que estaba escrito y que era un deber vivirlo. No esperaban tanto.

Ella le confiesa que desea besarlo en la noche de su boda. El le dice que viajará a verla toda la vida. Lo peor es que no bromeaban. Empezaron a delirar.

A partir de ese punto la realidad se convirtió en irrealidad. Entraron en el idealismo, la obsesión por la utopía.

El pico de la ilusión, del amor y, generalmente, el fin de este.

Ella dice que no lo merece, él dice lo mismo. Ambos solo quieren ser amados en sus mundos personales, por personas buenas. Aunque bien intencionado, pero delirio al final, puro e imposible.

Y la distancia los separó. Él tenía que volver. El tiempo los separó, las circunstancias los separaron físicamente, abruptamente. Y el dolor hizo más hermoso todo. Fue como un sueño.

Los años pasaron, él no volvió. Se enamoró por un error de cálculo y lo lamentaba, pero no se arrepentía.

Él, en los momentos de locura cuando le daba el arrebato de regresar, generalmente no podía porque era muy caro viajar hasta allá o el trabajo no lo enviaba. Hasta que conoció a alguien.

Ella conoció a alguien también. Y aunque siempre se escribieron y se lo contaban, les dolía oír detalles privados del otro.

Querían tolerarse. Se lo prometieron. Pero no fue así. No se puede vivir dos vidas.

No se puede querer a dos personas. Era demasiado tenso contactarse.

Por momentos él quería tirar todo por la borda y mandarse mudar para allá, pero sabía de amores. Sabía que ni ellos mismos iban a alcanzar la calidad de esos momentos, como los que tuvieron aquella vez. Y era mejor dejarlo ahí.

Decidieron no escribirse.

Si un amor así no acaba en familia, pues no tiene rumbo.

Y eso era una locura.

Un idilio de semejante naturaleza, con tal carga de sinceridad, no es para gozarlo eternamente como un caramelo, pensando en que no se va a gastar.

Si no aceptas asumir las siguientes etapas lógicas como el noviazgo, matrimonio y familia, te entramparas en una desgastante relación de amantes con todas sus malas consecuencias.

Con todo el dolor del mundo, él dio un paso al costado. Con todo el dolor del mundo, ella dio un paso al costado.

No podían detener la vida por un recuerdo, por una ilusión. Y siguió cada uno con su vida.

Pero por dentro quedaron detenidos para siempre.

UNA CRÓNICA MUSICAL

Corría el año 1998 , febrero para ser exactos, y acababa de dar una entrevista para Jaime Bayly en Miami. Jaime trabajaba para la CBS Televisión. Era una etapa suya revolucionaria, realmente exitosa en Estados Unidos. Quizá hasta de alcance mundial. Lo veían desde Miami hasta Alaska. Como animador rompió muchos esquemas, porque era un latino que no hablaba como latino ni lucía como tal, ni tenía el acento tropical para conectar con la gran masa hispano hablante de la Florida. Una costumbre que era como un paso obligado para quien quería desempeñarse en los medios. Tampoco tenía apellido hispano. Sin embargo, era un *boom* y toda la gente en la calle lo amaba. Era muy difícil caer bien en los medios siendo distinto del perfil del ciudadano común de Miami en esa época. En ese aspecto Jaime revolucionó la propuesta latina, y dio una imagen completamente opuesta y novedosa que estaba causando revuelo.

Otro latino importante en este revolucionario periodo evolutivo era Emilio Estefan. Este hombre inteligentemente se abrió camino con una banda de música pop como Miami Sound Machine. Una vez inmerso en el mercado norteamericano, gracias a poderosas canciones muy bien concebidas para gustar tanto en Latinoamérica como en el mercado anglo, abrió una caja de Pandora de artistas nuevos de habla hispana que pegaron muchísimo en el mercado de música en inglés. La imagen latina tomó un estilo *deluxe* que antes no tenía. El estereotipo hasta entonces de la música, del arte y de las comunicaciones latinas en Estados Unidos no podían desprenderse de la fuerte sombra de iconos como la Fania All Stars, las corridas de toros, el mambo, los incas, los aztecas, los charros y todo lo turísticamente ubicable como latino. No iba a ser casualidad que en este periodo de reinvención mediática Jaime y Emilio se volvieran muy amigos. Vivían en la misma ciudad y la gente los consideraba, y considera, muchísimo.

Miami, si bien nunca ha sido mercado de discos o de conciertos, al ser la residencia de muchas estrellas hispanas por su estratégica ubicación justo entre Los Ángeles, México, Sudamérica y España, siempre ha sido visto como el Hollywood latino. Esta imagen confundió a muchos artistas que se fueron a vivir allá en búsqueda de nuevos mercados, cuando la realidad era completamente al revés. Es decir, te ibas a vivir ahí luego de haber conquistado los principales mercados latinos. Eso lo descubrí muchísimos años antes, cuando con Arena Hash nos fuimos casi un año a vivir a Ocean Drive, uno de los sitios más pintorescos e importantes del mundo a nivel turístico contemporáneo, debido a que es el vistoso malecón del Art Deco District, patrimonio histórico de Estados Unidos en Miami Beach. Y notamos que los cantantes que vivían en Miami siempre vendían discos fuera de Miami. Fueron tiempos bellos que luego detallaré.

Estábamos entonces en febrero de 1998. En pleno apogeo del rock en castellano. Si bien en Sudamérica este se venía escuchando desde fines de los sesenta, la tendencia romántico tropical de Miami volvió impermeable la ciudad a cualquier otro género como el vernacular o el rock argentino, español y mexicano. Todo hasta 1995 era solo música romántica o salsa, y punto. Ni Soda Stereo ni Arena Hash consiguieron, en su mejor momento, difusión en esa ciudad. Es más, nadie que haya hecho rock en castellano lo había conseguido. El milagro lo consiguió una canción de rock disfrazada de batucada llamada «Matador», de Los Fabulosos Cadillacs. Esos tambores, muy parecidos a los ritmos de Puerto Rico o a los ritmos del carnaval de Río, conectaron de otra forma con la juventud hispana de Estados Unidos, y barrieron con todo lo que se les puso enfrente. Otra canción locomotora que jaló muchos vagones llenos de bandas de rock latino fue «Ingrata», de Café Tacuba. También una canción de rock, pero disfrazada de música regional mexicana. Estas interesantes fusiones, que no tenían nada de rock and roll, aunque fueron hechas por bandas originalmente de rock, literalmente tumbaron la muralla establecida por la cultura latina de Estados Unidos para con este género.

La explicación es simple. El rock en México, Perú, Argentina o Brasil, es un género básicamente practicado por amantes del rock angloamericano. Es decir, por gente que habla inglés siendo sudamericana. Entonces el rock en castellano originalmente era visto como *hobby* de gente pudiente, de la capital, mientras que la gran mayoría escuchaba salsa o boleros. Por eso los primeros inmigrantes hispanos en Estados Unidos, generalmente gente de las clases populares o menos favorecidas en sus países, nunca tuvieron química con el rock en castellano, y los medios hispanos, como la radio o la televisión de Miami o Los Ángeles, se construyeron sobre la base de esos gustos. El rock latino siempre tuvo su obstáculo más grande en la ciudad de Miami.

Pero el fenómeno de «Ingrata» y «Matador» revolucionó todo. Comenzaron los festivales de rock en toda la Florida, Puerto Rico y Los Ángeles. Las colonias argentinas, venezolanas, peruanas y mexicanas empezaron a reclamar la presencia de sus bandas nacionales. Así se demostró que en el rock ocurre un fenómeno que no ocurre en ningún otro género, y es que es un estilo que nunca pasa de moda. Por ejemplo, si te dedicas a la salsa o la balada y no tienes un número uno, pues no tienes trabajo. Sin embargo, en el rock basta con tener dos canciones conocidas, así sean de hace veinte años, para que siempre tengas conciertos o entrevistas. Y jamás van a titular tus *shows* como conciertos del recuerdo. Esto es por la actitud que genera cada estilo, por el contexto donde se gesta cada uno. Es decir, todas las baladas hispanas se conciben, cuando se componen o cantan, como parte de un discurso de amor o desamor. Están demasiado circunscritas específicamente a una situación romántica. Es más, situación romántica conservadora, algo muy nuestro. La salsa también está en sus orígenes creativamente ligada a un contexto de disputa por el amor de una mujer, por el liderazgo en algún barrio del bajo mundo, por el sufrimiento en la cárcel o la desdicha de la mala suerte, envueltos todos en ritmos orientados más para bailarse que para analizarse. No hay mucha libertad temática. Prácticamente la balada hispana y la salsa rondaban sus mismas temáticas hacía décadas, y no por falta de creatividad, sino por el hecho de que la gente misma busca esa música específicamente para acompañar los momentos románticos de su vida o sus momentos de ganas de bailar.

El rock, en cambio, tiene la actitud y la temática del día a día, sin estereotipos de tantos años como el cantante romántico de saco y corbata de la balada hispana o el típico sonero latino de Nueva York. El rock es gente como tú o como yo cantando, lo que genera conexión inmediata, y la sinceridad descriptiva en sus textos relaja y abre la mente a lo concreto, al realismo urbano, luego de tanta metáfora redundante predominante en los géneros románticos o el hiperrealismo del bajo mundo latino descrito en la salsa. Por eso no hay mejor definición para el rock que aquella de cuando la gente le llama «el *soundtrack* de sus vidas». Hay mucha gente, muchísima, en Latinoamérica, que disfruta la salsa y las baladas románticas, pero no las consideran el reflejo de sus vidas. Esta nueva realidad fue lo que golpeó Miami con mucha fuerza, al punto de que Sony abrió Sony Discos International, SDI, para congregar lo mejor del rock latino en un mismo sello. Estábamos Los Fabulosos Cadillacs, Los Tres de Chile, Charly García, Robi Rosa, Ratones Paranoicos y muchos más. Las actividades eran intensas y la competencia también era fuerte, porque Warner Music venía de años atrás desarrollando a Café Ta- cuba, Fito Páez, La Ley y Maná, entre otros músicos, en todo Estados Unidos.

El ambiente y la euforia por esta invasión era tal que MTV encumbró y desarrolló su recientemente lanzada división MTV Latino. Se había roto al fin la tradicional manera de desarrollar a un cantante como siempre se hacía, esto es, separando intérpretes de compositores. Es decir, Raphael, Luis Miguel, Julio Iglesias, José Luis Rodríguez, o los más jóvenes Ricky Martin, Thalía o Carlos Ponce, tienen lindas voces, pero sus canciones son compuestas por otras personas, generalmente cantautores que se dedican a componerle a otros artistas. Y así fueras originalmente un cantautor, como fue el caso de Julio Iglesias en sus inicios, la industria discográfica latina no arriesgaba y acostumbraba igualmente a hacerte interpretar canciones con el estilo de siempre y compuestas por los autores industriales de siempre. Esa incólume costumbre de toda la vida se había roto al fin. El rock latino traía cantautores con propuestas nuevas, propias, con sonidos poderosos y sobre todo textos refrescantes. Canciones como «Me estoy enamorando», «Mariposa tecnicolor», «Matador», «Déjate caer» o «Ingrata» le cambiaron el oído a la gente, y los festivales en Colombia, Puerto Rico, Miami o Los Ángeles ya congregaban a multitudes.

En este efusivo contexto Jaime Bayly me llama una mañana y me dice: «Pedrito, ¿sigues en Miami?». No recuerdo bien si fue en el mismo viaje de la entrevista o en el siguiente viaje que hice a Miami semanas después. Tengo mis dudas. Porque recuerdo haber estado en un hotel en el Downtown para la entrevista, aunque para la reunión con Estefan me recogieron de un hotel en la 14 de Ocean Drive, el Betsy Ross, mi favorito, hoy llamado The Betsy. Recuerdo que en toda esta situación yo estaba efectivamente en South Beach, pues planeaba pasar unos días en la playa, mi antiguo barrio con Arena Hash, y me iba a quedar unos días más para ir a las oficinas de Sony en el mismo lugar por varias reuniones, ya que yo radicaba en Lima. Y le dije: «Sí, Jaime, a tus órdenes».

Siempre he visto a Jaime como un hermano mayor. Sentí un sincero aprecio y generosidad de su parte desde que empecé con mi austero primer disco solista. Sin conocerme, lo recomendaba en su programa y Ximena, su productora, era una convencida de que hacíamos un excelente *match* conversando en cámaras. Generalmente uno sale en televisión solo para promocionar algún libro, álbum, restaurante o exposición. Pero con Ximena las invitaciones eran hasta tres veces por año, solo para conversar. Ximena me decía: «Pedrito, tranquilo, solo sé tú y habla de todo». Siempre he sentido que les debo muchísimo, porque en todas las entrevistas con Jaime él explotaba mi lado humano, mis extravagancias, mi sensibilidad y mi ideología al máximo. Así la gente empezó a verme como si fuera parte de sus vidas. Algo similar le pasó a Carlos Alcántara. Jaime explotó su lado vivencial y sus entretenidas respuestas se volvieron un *show* y luego una película. Fue muy importante transportarle al público mi pensamiento y mi personalidad, más allá de hacerlo a través de la música. Entonces, debido a esa línea fraternal mantenida durante tantos años, una llamada de Jaime nunca es por las puras. Christian, yo y muchos más que la luchan afuera le tenemos ley a Jaime porque él consiguió todo lo que nosotros conseguimos y bastante más, muchísimos años antes. Es una cátedra en materias del *show business* internacional.

Regresando a ese momento, Jaime continúa y me dice: «Oye, Pedrito, ¿conoces a Emilio Estefan?». «Por supuesto, Jaime. ¿Qué hay con él?». «Te cuento. Suelo verlo siempre, es un buen tipo y gran amigo. Bueno, pues, le encantó la entrevista que tuvimos y le caíste muy bien». Eso me sorprendió. Estefan jamás trabajaba ni había trabajado con rock en castellano, no era su especialidad ni su interés. Además, él era un *broadcaster* musical, un gran empresario y productor de fenómenos típicamente pop románticos latinos y también tropicales. No podía haber entonces intereses mutuos de hacer negocio o producir algo juntos. No había nada más alejado de sus objetivos que un cantautor de rock. Nadie imaginaría a Andrés Calamaro, Fito Páez, Miki González, Joaquín Sabina, Manu Chao o Charly García siendo artistas suyos. Era impensable. Demasiada bohemia para un tipo tan disciplinado como él. Sobre todo en esa época en que el rock latino andaba aún buscando forma y lograba con éxito ser una nueva alternativa a la música de Thalía, Cristian Castro o Shakira.

El único interés del rock era conquistar país por país, pues se había descubierto que ser lanzado desde un solo punto hacia toda Latinoamérica, sin peregrinar por todos los países, no funcionaba. Nadie deseaba el estrellato. Solo queríamos juntar capital para el siguiente disco. Era una filosofía muy simple. Nadie priorizaba las alfombras rojas. Solo el arte en sí. Había mucha camaradería entre las bandas. Además, el rock latino cargaba una bandera quizá tonta de independencia y rebeldía. Por eso el contraste de reunirse con Estefan era muy interesante. Si eres artista, te estás desarrollando en Miami y tienes la oportunidad de conocer a Estefan, pues tómalo como una cordial bienvenida suya, porque Mami es su reino. Cada antena latina de La Florida existe por él. Ir a saludarlo era un honor que ni siquiera había que pensar. Entonces Jaime continuó:

—Yo le dije a Emilio que no era la primera vez que te entrevistaba y que eras un tipo muy sencillo. Que eras tal cual lucías en la entrevista. Y él me dijo que le gustaría conocerte y que nos demos un salto cuando yo quiera. ¿Te parece si lo visitamos?

—Claro, Jaime. Imagínate, cómo no. El tipo es una institución. Sobre todo qué comodidad el conocerlo en un ambiente de amigos. Solo avísame un día antes. Me voy el jueves.

—OK, Pedrito. Pienso que será fabuloso porque, si bien él no trabaja con rock, tiene muchos amigos en tu disquera y es un tipo muy abierto a todo tema. La vamos a pasar súper, ya verás.

Había experimentado nervios con muchas personas importantes de mi disquera. Gente que con solo un *mail* podía poner mi disco en todas las radios y tiendas del mundo. Reunirme con un gigante como Estefan era un lujo para mí. Sobre todo no reunirme con él para pedirle algún favor, cosa que hacía todo más relajante. Jaime me llamó por la noche nuevamente y acordamos reunirnos al día siguiente. Jaime me mandaría la movilidad de su canal para no perderme.

Llegó la movilidad, un elegantísimo *remisse* que me llevó directo hacia los estudios de Emilio, hacia el oeste de Miami, creo que en la 40 de Bird Road, si mal no recuerdo. La cosa es que llegué a un edificio de tres pisos en esquina. Muy parecido a los edificios de San

Isidro en Lima, con plantitas en el *lobby* y estacionamiento en el interior. Antes de que ingresemos, salió una menuda y misteriosa señora, muy bajita, toda de blanco y cabizbaja, acompañada de un hombre muy alto, como basquetbolista. No le prestamos atención y entramos. Nos recibió el mismo Emilio Estefan sin tanta vaina de esperar en alguna salita ni nada. Se saludó como amigo de toda la vida con Jaime y me dio la mano con mucha sencillez. Es un tipo como de mi tamaño, muy activo y carismàtico. Te hace sentir en confianza de inmediato. Comprobé al instante que su verdadero capital era su personalidad. Su sincera amistad con Jaime lo hacía todo más cómodo. De inmediato dijo: «¿Vieron a Madonna? Se acaba de ir». No lo podíamos creer. Emilio me invitó a pasar a una sala, diciéndome que quería mostrarme algo.

Recuerdo que entramos a una especie de sala como de museo o de exposiciones, muy iluminada y enchapada en madera. Me sacó una joya: el micrófono original de los estudios Abbey Road con el que los Beatles grabaron las voces de todo el *Please, Please, Me,* su primer álbum, en 1962. Casi me desmayo. Estaba sobre un pequeño pedestal de madera, con una placa certificatoria, que yo, como fan de los Beatles, supe reconocer de inmediato. Toda mi vida pasó como una película. Habré escuchado ese álbum tres mil veces y ver que todos esos sonidos entraron por la malla de ese pequeño artefacto fue todo un *shock*. Me dejó sostener la joya y recuerdo haberle dicho: «Emilio, no tengo palabras. ¿Cómo conseguiste esto?». Pero aún había más. De pronto vi a Emilio con una guitarra eléctrica completamente autogra- fiada por todos los Rolling Stones. Conozco las firmas de los Rolling Stones de memoria y me abstraje analizando cada una de ellas. Me olvidé de todo. Era demasiado para mí en una mañana. Estefan había resultado un gran conocedor y coleccionista de rock. Podría abrir un pequeño restaurante estilo Hard Rock Café con las cosas que tiene. Yo solo quería seguir viendo y viendo sus objetos. Le conté que yo también coleccionaba guitarras y objetos históricos y que estaba asombrado con lo que estaba viendo, sobre todo objetos relacionados con mis dos bandas favoritas. Son patologías de fan muy difíciles de entender. Como cuando con mi hermano en Manhattan vimos una vez el Bentley de Yoko Ono y Patricio se loqueó y me propuso llevarnos la placa. Obviamente, no lo hicimos. Hasta que una voz me despertó de todas mis alucinaciones. Era Jaime diciendo: «Ya, Pedrito, avancemos, que se nos pasa el tiempo».

Yo me sentía como un niño entre estos dos personajes. Hablaban de diferentes proyectos a la vez. Parecía que planeaban lanzar algún restaurante o estación de TV o alguna empresa de algún tipo, no lo sé. Era una locura. Una fábrica de ideas. No soy chismoso, así que yo me dedicaba a mirar los adornos, discos y demás cosas interesantes en Crescent Moon Studios, mientras esperaba el inicio de la reunión para conversar supuestamente de todo.

Revisé la guitarra varias veces y Estefan solo se reía. Sabía de su efecto. Era una Fender Stratocaster nueveci- ta. Luego pasamos a su oficina. Si alguien sabía romper el hielo y hacerte sentir como en casa, ese era Emilio Estefan. Hablamos de todo. Era una reunión puramente social. Nos habló de sus planes de abrir una disquera, aunque ya presagiaba la llegada de un nuevo formato de soporte musical que iba a mermar sobremanera a los discos compactos, como lo fueron después la misma piratería y luego las descargas por internet de música en MP3. Él sentía que había trabajado para todo el mundo y quería por fin darse un gusto haciendo música con artistas más sencillos e independientes. Como luego lo hizo cuando abrió Crescent Moon Records. Tenía todo un *staff* de compositores y arreglistas que asistían a trabajar al estudio ordenada y puntualmente, como si se tratara de una oficina. Él los representaba como editor. Ellos escribían y arreglaban canciones para todos los discos de las estrellas que él producía.

En el pequeño recorrido que me hizo por las instalaciones recuerdo claramente que me presentó a un muchacho blanquísimo de lentes tipo Roy Orbison, con el pelo como los Beatles. Era Lester Mendez. Luego me enteré de que Lester estaba ahí produciendo el álbum ¿Dónde están los ladrones?, de Shakira. Recuerdo muy bien que Estefan me habló de Roberto Blades como un gran compositor de rock, quien trabajaba también para él, y me sugirió que lo llamara si necesitaba algún día colaboración de algún otro autor en mi música. Recuerdo muy bien su sueño de ordenar un poco las cosas, porque la música latina estaba muy dividida. En ese punto le doy la razón, ya que Latinoamérica no sigue a los mismos artistas al unísono, sino que cada país tiene sus artistas favoritos y sus propios *rankings*. Por eso, muy pocos alcanzan una internacionalización sólida y pareja, como ocurre con las estrellas norteamericanas. La difusión allá es homogénea en todos los estados, a través de las cadenas de televisión y radio. Fue el motivo de la aparición de los Grammy latinos tres años después, como un intento de ordenar esta realidad musical latina tan dividida, que generaba debilidad frente a las farándulas musicales más organizadas como la norteamericana.

Recuerdo que en un momento me preguntó si tenía alguna inquietud con mi carrera y que él se ofrecía a colaborar en la medida de lo posible, porque le agradaba el emergente rock en castellano, y porque yo le había caído bien y era amigo de una persona que él estimaba mucho como Jaime. Le agradecí la gentileza y solo le mencioné que el dinero que me daba mi disquera no me alcanzaba para hacer el disco, videos y una campaña mínima de promoción. Él dijo que ese era un problema de todos y que las compañías cada vez tenían menos presupuesto. Por eso planeaba abrir su propia disquera.

Jaime, un melómano consumado, le explicó que los artistas argentinos y mexicanos tienen muchísima caja chica para reinvertir en sus carreras, pero los peruanos, sobre todo con la piratería, no tenían ese capital y sobrevivían de milagro. También le contó que yo estaría tres o cuatro años más con Sony por contrato, y si no vendía, lógicamente me engavetaban o guardaban como pan que no se vende en un cajón hasta que acabara mi contrato. También acotó que si bien el Perú tenía una gran población, la piratería impedía que pudiera vender industrialmente. Eso explicaba la repercusión de los artistas mexicanos y españoles, pues sus ordenados mercados generaban muchas ganancias y los hacían existir internacionalmente.

Cabe recalcar que no le llevé mis discos. No se me ocurrió. Jaime le tuvo que dar los suyos que tenía en el auto. A Estefan dale demos u ofrécele tu disposición a tiempo completo como artista libre y sin ataduras con ningún sello. No lo ofendas con discos tuyos en otra compañía. Pero igual había camaradería en la conversación. Todo salió perfecto. Sentí que en esa mañana él estaba evaluando la naturaleza de mi género. Quería hacer algo por el rock latino, por mí, por mantener como siempre el fuego musical vivo en Mami. Nunca firmó a nadie de rock en su carrera, aunque sí firmó a la banda de ská panameña Los Rabanes, grandes amigos míos, para su nuevo sello. Después de eso, más nada.

Hablamos y hablamos. Fueron varias horas. Recuerdo la risa de Estefan, era muy particular y adictiva. Me hubiera encantado grabarla. Recordé la frase que dice: «A un hombre que ríe bien nunca le va mal». Conversamos de mucho por mucho tiempo. Emilio me dijo que tuviera paciencia, que nadie la tuvo más difícil que él. Tan fuertes fueron los obstáculos para su música que él hizo lo que a nadie se le hubiera ocurrido hacer: en 1983 se fue a Inglaterra y pegó allá «Dr. Beat» con Miami Sound Machine. Ya ni me acuerdo de qué más hablamos en las postrimerías del encuentro, pero sí recuerdo que me prometió hacer unas llamadas. Una llamada de Estefan a Sony, sobre todo a las difíciles cabezas en Miami, era beneficioso en todo sentido. Pero, la verdad, las llamadas no eran necesarias. Bastaba que él me hubiera conocido y que lo comente para que los vientos soplaran a mi favor en mi disquera. Por eso no puedo recordar o puntualizar ninguna llamada en específico que se haya hecho para ayudarme. Cualquier cosa pudo serlo.

Antes de irnos, me dijo nuevamente como al principio: «No te vayas. Ven por acá. ¿Así que eres coleccionista? Mira lo que tengo para ti». Abrió una gaveta al lado de su mismo escritorio y debajo de unos fólders y demás cajas sacó unas camisetas muy antiguas y todavía empaquetadas de Miami Sound Machine. Era un modelo descontinuado con el logo original de la banda, aún con Gloria Estefan como parte del grupo y no presentada separadamente como se acostumbró después. Me preocupó que se quedara sin sus camisetas, sobre todo porque era *memorabilia* original de su banda, y me dijo que no me preocupara. Que él tenía un par más para él y que era importante que una de ellas cayera en manos de un coleccionista de cosas *vintage* como yo.

Jaime ya estaba apurado y la reunión debía acabar. Salimos los tres hacia la puerta y nos despedimos con mucha calidez. Emilio me dijo: «Este estudio es tu casa, porque es la casa de todo aquel que ame la música. Vente cuando quieras». Nos dimos un abrazo, Jaime se despidió igual y nos fuimos. Jaime de regreso me dijo: «Pedrito, te aseguro que el trato de tu disquera contigo desde ahora va a ser distinto». «Ojalá, Jaime, ojalá», le dije yo.

Nos fuimos nuevamente a la playa. Jaime continuó trabajando y yo retomé mis actividades. Cuando fui a Sony al día siguiente todos sabían que había estado en Crescent Moon, debido a que el noventa por ciento de productores, compositores y promotores iban a diario a ese edificio y me habían visto. Cuando llegué a Lima también la gente de la q disquera lo sabía y querían que les diera una foto mía con — Emilio. Eso era lo último que se me hubiera ocurrido hacer y nadie lo entendía. Me decían: «¡Pero has estado con Estefan!», y yo siempre les respondía lo mismo: «No creo que a él le guste que yo ande haciendo *marketing* con un momento de confianza que gentilmente me regaló. Además, la prensa podría exagerar e inventar que íbamos a sacar un disco juntos». Tanto cuidé este histórico encuentro en mi vida que recién lo cuento dieciséis años después.

Jaime, excelente cómplice, tampoco reveló nada en ninguna de las miles de entrevistas que posteriormente tuvimos en televisión. Un tipazo, Bayly. Generoso y solidario como siempre.

Pero la historia para mí no acabó ahí. Yo continué con mis giras por toda Latinoamérica y Estados Unidos. Era una época de constante actividad. Mi álbum *Póntelo en la lengua* había dado muchísimos éxitos como «Mi auto era una rana», «Los globos del cielo», «Me estoy enamorando», «Te siento de solo pensar», «Sentimiento increíble» o «Sé que todo ha acabado ya», y no paraba de tocar atendiendo a la demanda. No imaginaba qué milagro tenía qué ocurrir, como siempre me pasa, en el siguiente álbum, para que pegara igual que el anterior. Cuando firmé con Sony, el presupuesto era muy bajo. Jamás iba a tener la calidad de producción de Maná o Soda Stereo. Andaba preocupado todo el día por tamaña frustración. Pero hacía de tripas corazón y continuaba sin pensar mucho.

En los países donde sonaba fuerte mi música, como Panamá, Ecuador, Chile, México y los de Centroamérica, estimaban que yo manejaba los presupuestos de Carlos Vives, Shakira o Maná, y que era tan millonario como ellos. Esa imagen era ya insostenible para mí. Si bien los alcanzaba en difusión, sabía que las campañas publicitarias que ellos tenían me iban a aplastar en cualquier momento. En realidad, eso es lo que te da la supervivencia en el mercado pop internacional, no meramente la calidad de tus canciones. Hay artistas muy malos con grandes campañas y por eso suenan todo el día en los medios. Esos capitales eran mi principal temor.

Más tarde, en ese mismo 1998, yo estaba elaborando los demos del disco *Degeneración actual*. Estaba a punto de entrar a grabarlo en Lima y mezclarlo en Estados Unidos, como mis dos discos anteriores, porque el presupuesto era mínimo, y me llamaron de la oficina de Sony de Miraflores de manera urgente. Llegué y Eduardo Weiss, gerente de la compañía, me dijo que habían llamado del departamento regional de Miami a decirme que me asignaban a Lester Mendez, el productor que conocí en Crescent Moon y que era el productor de Shakira, y que acabara rápido con los demos porque me iba a Miami a grabarlo. Me quedé helado. Nadie entendía cómo había ocurrido eso. Se me duplicó el presupuesto, me pusieron Mendez y me iba a hacer el disco a South Beach Studios. La única explicación que pude darme fue la influencia de esa reunión en Crescent Moon sobre las personas que definían los presupuestos en mi compañía.

El álbum fue un éxito con canciones como «Degeneración actual», «Un vino, una cerveza», «Alguien que bese como tú», «El tren sexual» y muchas más. Lamentablemente, al poco tiempo, ambas compañías, Sony Perú y Sony Discos de Miami, cerraron debido a la piratería. Yo quedé atado a la nada. Fueron años difíciles y no deseaba buscar a Estefan para pedirle que reabriera las compañías de Lima y Miami. Eso ya era imposible. Fue una fatalidad inimaginable. Tenía la imagen por todo lo alto, pero la incertidumbre de haber quedado atrapado en mi propia disquera me angustiaba. Mi destino fue ese y ahora tenía que ver qué hacer. Estaba legalmente atado a una compañía que físicamente no existía, pero que contaba con su filiación a las centrales de Nueva York. Es decir, pertenecía a Sony, pero no existían las personas que me podían dar la liberación. Esto lo conseguí de milagro en 2003, cinco años después, cuando legalmente recién pude tramitar mi liberación. De igual forma, estoy agradecido a Jaime y a Emilio Estefan por sus sinceras ganas en algún momento de sus vidas de colaborar en mi carrera. Finalmente pude sobrevivir, a pesar de todas estas pesadillas que nadie supo hasta hoy.

Anécdotas de viaje

UNA CONVERSACIÓN DE ALTURA

Coincidimos en el avión una vez y él no sabía que yo era peruano. Me había visto en la televisión en México, como después me contó, y empezamos a conversar. Le pregunté de todo durante tres horas. Con mucha paciencia y mucho gusto, porque ama explicar y filosofar, me contestó todo. Yo estaba impresionado con De Soto.

Yo acababa de leer que Hernando de Soto era para *Forbes* una de las quince personas más importantes del mundo y para *Time*, una de los cinco más importantes del mundo. Debo admitir que no sabía la razón o el porqué de tanta fama mundial. Para mí, era un economista peruano que vivía fuera porque lo contrataban otros países para solucionar sus crisis, y eso ya era bastante decir. Ignoraba que fuese un teórico tan respetado, fundamentalmente en Inglaterra, donde lo adoran. Es más, la revista inglesa *Prospect* lo ha puesto por encima de Stephen Hawking como persona influyente en el mundo y *Foreign Policy*, como el pensador más importante de Latinoamérica. Es inexplicable. Y en Wikipedia, si buscas capital, sale la definición de De Soto. Jamás esperas que a alguien proveniente de un país en vías de desarrollo, como el Perú, los norteamericanos o ingleses pidan consejos de política económica. Vi un libro suyo en Nueva York, en la mesa de un ejecutivo norteamericano de Sony, y leí su nombre debajo del título. Había reconocido la carátula, pues la recordaba de Lima, pero esta llevaba el título en inglés. Este señor había comprado el libro por el artículo de Time. Me sorprendió lo popular que era universalmente. Por eso, al siguiente año le hice todas las preguntas que pude cuando lo vi.

Yo caminaba hacia mi asiento y él ya estaba sentado justo al lado, con la mano en la barba, mientras miraba pensativo por la ventana. No lo había reconocido y me daba miedo de que fuera un señor que se molestara. Me vio arreglando mi equipaje de mano y saludó amablemente, sin hablar. Luego siguió mirando por la ventana. Lo vi y con cara de fan le dije: «¿Usted es Hernando de Soto?». Él asentó con la cabeza, pero esta vez, tras verme con más atención, me dijo: «¿Tú eres cantante, no?». Le dije que sí. Jamás había disfrutado tanto que alguien me reconociera. Había roto el hielo con De Soto, así que le conté lo de Time y Forbes, y le sorprendió que lo supiese. Me preguntó que por qué sabía de temas tan ajenos a la música y le contesté que lo hacía por mera curiosidad y que esa misma curiosidad me hizo ir a la universidad. Le encantó saber que había estudiado por puro escozor intelectual y no por buscar trabajo. Aproveché su sorpresa y apertura para hacerle mil preguntas de temas que sé que la prensa no revela, como el origen de las guerras, el próximo fin de Estados Unidos como imperio en el mundo, la verdad sobre el origen de la pobreza, la cocina mundial, la danza —porque el tipo es gourmet y bailarín— y muchas, muchas cosas más que cada cierto tiempo recuerdo.

Una de sus mejores teorías fue sobre aquello de encontrar oportunidades únicas inmiscuyéndote en lugares insospechados sin saber qué pueda ocurrir. Porque, según él, el destino tiene mucho para uno, pero hay que dejar que este te arrastre con confianza. Es como un río que pasa frente a ti y tú escoges si meterte o no en sus aguas. Si te encierras en tu casa, te aíslas de estas oportunidades. Te aíslas de todo lo que el destino tiene para ti. En la película El expreso polar quieren explicarlo, pero no lo logran al cien por ciento. Sí, aquella película animada del tren que te lleva en Navidad al Polo Norte y Tom Hanks hace de todos los personajes. Hay un momento en donde él dice: «Debes tomar un tren siempre, aunque no sepas dónde te lleve» o algo parecido. Podría googlear la frase para ser exacto, pero es mejor que sepan cómo la registró mi mente. Curiosamente, en otra película de Tom Hanks, Forrest Gump, repiten el mismo mensaje, pero de una manera menos clara y hasta tonta, cuando Forrest dice: «La vida es como una caja de chocolates. Nunca sabes qué te va a tocar».

Al igual que yo, mucha gente percibió esas frases como tontas, simples, cursis, hasta malas en una primera impresión. Pero regresando a mi historia en el avión, recuerdo a Hernando diciendo: «Tú habrás visto los miles de congresos y convenciones que se hacen en Estados Unidos. Bueno, resulta que muchas veces las cosas que se exponen ahí o las conferencias que se hacen no son el principal motivo por el que la gente va. Hay momentos importantísimos en esos eventos que poco o nada tienen que ver con las materias que los expositores ofrecen. Son los momentos del coffee break, las esperas en grupo del ascensor, las búsquedas del baño, los caminos de ida o de vuelta al hotel. Porque ahí interactúas socialmente con otras personas que, como tú, también han asistido a estas convenciones y generas contactos muy importantes para el desarrollo de lo que estés haciendo. Sueles ampliar muchísimo tus oportunidades, ya que personas de otras ciudades o países quizá interesadas en lo que tú justamente estás haciendo contactan contigo. Esto ocurre siempre, obligatoriamente y es una casualidad que se genera. No sé si me entiendes. Quiero explicar que hay una manera de atraer más oportunidades que las que normalmente la vida te da, y eso se hace provocando las casualidades. Todos quienes van a estas convenciones son unos tontos si solo lo hacen para regresar con un certificado para colgarlo en su pared. Quienes van con una mente más abierta y triunfadora esperan regresar con proyectos y planes compartidos, y sobre todo mejores contactos». Y luego cerró al explicación con una frase que se me tatuó en el cerebro: «Porque en este mundo hay algo tan o más importante que el know-how, y ese es el know who».

Siempre tenemos ideas que parten de la nada, pero solo algunos las persiguen y terminan generando millones de dólares solo porque lo dejaron todo y tomaron un bus con rumbo desconocido hasta encontrar el contacto de su vida o la contraparte que también esté interesada en sus objetivos. Hay entonces un staff en algún lugar del mundo que te ayudará en todo sin que te cueste nada; lo hará con amabilidad, emoción y, sobre todo, garantías de éxito. Pero tu parte será el encontrarlos, y eso no lo consigues estudiando o siendo ordenado o perseverante, luchador, trabajador y honesto. Eso lo consigues siendo mandado y arriesgándolo todo. Esa es la parte que no entienden los que no triunfan. No hay nada, en ningún lugar en el que estés, que no genere oportunidades para uno. Lamentablemente las oportunidades solo se ven cuando te extravías y pierdes la ruta de regreso a tu lugar seguro y te angustias. Así aparecen los diamantes. Es como un juego de video: si no entras en ese nivel de total incertidumbre, pues nada se te revela.

De Soto tenía clarísimo eso y lo consideraba la base del éxito de un país. Para él, el dinero y el sistema financiero no son la riqueza, sino que el dinero es solo la huella de una actitud. Uno no debe desear dinero, uno debe desear la actitud que te lo dé todo. Yo jamás pude leer un libro de economía, salvo los que me daba en la universidad, pero la cátedra aérea de aquel día me hizo entender y disfrutar de un fenómeno que poco o nada tiene de números. Entendí que la economía es psicología pura y que el verdadero capital no es el dinero.

Luego de conversar fluidamente durante tres o cuatro horas —siempre lamenté no haber tenido una grabadora—, nos despedimos con la promesa de volver a vernos. No recuerdo bien adonde iba el avión, pero sí recuerdo todo lo que aprendí. Hasta hoy se me escarapela la piel al ver que cada cosa que me dijo que en el mundo iba a ocurrir, pues ocurrió. La subida del euro y la caída económica de Europa, diez años antes de que ocurra, la actual tendencia de los gobiernos en Sudamérica, el fenómeno de China, la economía peruana, la gastronomía peruana —que fue una teoría suya fantástica basada en que todo país antiguo, de raíces antiguas, como Francia, Perú, Egipto, China o Italia, poseen una excelente sazón debido a sus años de experimentación y evolución, además del peso de tener una cultura ancestral, lo cual es un background enriquecedor en todo aspecto— y muchos otros temas más.

No volví a tener a Hernando de Soto a mi disposición por horas como en aquel viaje. No nos hemos vuelto a sentar, a conversar con tranquilidad como aquella vez. Pero una vez su secretaria me llamó para tocar en el cumpleaños de Hernando que ella y todos los trabajadores de su instituto le habían organizado en la Granja Azul. Yo hice mi chamba con mucho gusto, convencido de que de Soto no se acordaba para nada de mí o al menos de lo conversado. Porque si a mí, que conozco la veinteava parte de la gente que conoce Hernando, se me olvida lo que hablo con las personas, ¿por qué él iba a recordarme? Sin embargo, al terminar de cantar él se acercó al pequeño escenario y pidió el micrófono y contó a todos la anécdota del avión con lujo de detalles. Me sentí muy honrado. Él tiene la curiosa suerte de lograr amistad con músicos famosos por similares razones que nos hizo conocernos. Es muy amigo de Bono de U2, de Jeflf Skunk Baxter, primera guitarra de Steely Dan, y de los Doobie Brothers, además de Bill Clinton y muchos otros filántropos. Me felicitó por mis labores de ayuda, con toda la autoridad que su experiencia con esas celebridades le otorgan, y me sugirió contactar con toda confianza con Bono de parte suya en alguno de mis viajes a Europa. También me dio el mail de Jeff, quien curiosamente ya no tocaba con Steely Dan ni con los Doobie Brothers, sino que ahora diseñaba aviones. Todo estaba planeado y precisamente era el paso a seguir después de mi proyecto con Juan Diego Flores, hasta que pasó lo de la disartria y mi carrera sufrió un brusco receso en sus actividades más dinámicas, como los conciertos y los viajes. Pero igual en mi mente quedó pendiente su cortesía y su inusual intención.

Lo último que supe de Hernando fue un mail de su secretaria a mi esposa, en el que se mostraban muy preocupados por el problema que yo había expuesto en televisión y ponían todo su know who a mi disposición para cuando se me ocurriese ir al exterior a buscar más opiniones médicas. Gesto que pinta de cuerpo entero a Hernando, quien curiosamente se llama como mi padre, y que demuestra algo que muy pocas personas tienen: consistencia. Ese raro talento de ser él mismo, de tener siempre la misma actitud y de pensar igual siempre frente a ti. Estés mal o estés bien. Lo que demuestra que no tiene pensamientos de momento, ni nada de que un día es buena gente y no al otro día. El encuentro, como dirían en peruano, del rockero —palabra que odio— y la eminencia fue un éxito en todo aspecto. Estoy muy agradecido a la vida por esa increíble e ilustrativa experiencia.

Un vergonzoso incidente

Otro encuentro similar, aunque nunca supe quién era sino hasta que me bajé del avión, fue con el conocido inversionista Roque Benavides. Yo, al igual que en el episodio con Hernando De Soto, estaba buscando mi asiento, cuando de pronto lo encontré y noté que me había tocado al lado a un gringo que vestía muy elegante. Con esa simpleza y sobriedad de quien no tiene un pelo de nuevo rico. Parecía un Kennedy o algo así. Hasta ahora recuerdo el traje azul claro que llevaba con una corbata finísima y una camisa de seda impecable. Creo que traía gemelos, aunque puedo fallar. En fin, todos los gadgets del típico sú- per VIP. Asumí que era un financiero, un inversionista, un embajador o algo parecido. La cosa es que no hablamos en todo el viaje, salvo las típicas conversaciones mínimas de pedir prestada una revista, alcanzarle el maní o las disculpas para ir al baño. El pata se la pasó leyendo todo el vuelo. Esta vez sí recuerdo haber estado yendo a Nueva York y haber subido al avión completamente «de boleto», es decir, sin dormir en toda la noche por haber regresado de viaje ese mismo día del Cusco.

Recuerdo haber estado muy cansado y solo esperar el despegue para echarme a dormir. Saque mi kit del buen viajero: almohada para el cuello, tapones^ antifaz, fraza- dita, y me chorreé en el sillón. Me sentía un vagabundo al lado de este señor lúcido, bañadito y bien vestido. Las horas transcurrían y yo ya presentía que podía ocurrir una metida de pata mía en cualquier momento. Así que me cuidaba de no respirar hacia su lado, no estirar mucho las piernas para no obstaculizar, no pararme mil veces como siempre hago hasta desesperar a todo el avión, y no abrir el compartimento de equipaje otras mil veces para sacar chocolates, bufandas, música o revistas. Todo iba bien. Estaba dando la talla. Dormí mucho, casi todo el vuelo, hasta que la azafata me despertó para almorzar. Ese momento me encanta, me hace recordar a mi mamá. Nos dan la toalla con agua tibia para limpiarnos las manos, nos ponen el mantel, nos dan las frutas secas, la carta, todo el ritual es lindo.

Almorzamos. Yo obviamente masticaba con los ojos cerrados esperando mi cama en el hotel, mientras Roque lo hacía mientras revisaba unas notas pequeñas. Parecía que no dejaba de chambear. Hasta que pasó la azafata ofreciendo el vino. No recuerdo qué bebida pidió él, pero yo sí pedí la típica copa de vino para digerir comidas no caseras. Y como las copas no tienen mucho equilibrio de por sí, me incorporé preventivamente para evitar algún accidente. Pero justo en ese momento la azafata atravesó su bandeja con las dos copas sobre mí para alcanzarle su bebida primero a Benavides. La cosa es que, y tengo el video en mi cabeza de lo que ocurrió, en cámara lenta y HD, no recuerdo si con mi cabeza, mi hombro o mi codo desequilibré la bandeja con las copas y vacié absolutamente todo mi vino tinto sobre Roque Benavides. El no pudo hacer nada porque estaba previniendo que el desastre fuera peor al sostener su propia copa, que por suerte llegó a coger antes que ambas cayeran. Hacía décadas que yo no había cometido una burrada tan salvaje. Pude ver, dentro de toda mi consternación, cómo el vino rojo recorría todo el pecho, camisa, saco y pantalón de Benavides. Lo curioso es que el vino rodaba por toda su ropa y nunca fue chupado por la tela. Yo observaba el fenómeno de la no absorción con el mismo pavor con el que veía cómo había metido la pata. Miraba el supertraje de este señor con asombro. Le pasé todas las servilletas que encontré, hasta las de los vecinos, y laS azafatas nos rodearon para atender el imprevisto. Mientras le daba las servilletas, solo le Pedía disculpas y más disculpas, muy nervioso, esperando que me mandaran al demonio en cualquier momento.

Para mi sorpresa, me dijo: «No te preocupes, todo está bien, tranquilo, gracias por las servilletas». Creo que hubiera preferido que me insultara, porque me sentí una basura. Me despedazó con su amabilidad. Como por arte de magia quedó limpiecito, como cuando recién lo vi en el avión. Retomó su posición, se acomodó la camisa, retomó su lectura y llegamos a nuestro destino. Al bajar, se despidió amigablemente, yo le di el pase, y salimos del avión. Dejé que se alejara para no meterle de casualidad cabe o empujarlo sin querer, y un grupo de señoras que venían en el vuelo me rodearon mientras caminaba y me decían: «¿Verdad que le tiraste la gaseosa a Roque Benavides?», y yo decía: «¿Qué? ¿Quién es Roque Benavides?», y me explicaron quién era. Uno de los hombres más importantes del Perú. Caray. El chisme había invadido todo el avión y me sentí muy avergonzado. Mi manager también me dijo: «Oye, sonso, lo embarraste al tío Benavides». Entonces, de inmediato, corrí para pedirle nuevas disculpas, pero ya había desaparecido. Como desapareció increíblemente el vino de su ropa. Espero, donde estés, Roque, porque alguien te va a contar sobre mi incidente contigo a partir de este libro, no haberte ofuscado mucho. Nunca se me había caído ningún líquido sobre alguien en mi vida, y la única vez que me pasó mira con quién fue...

CUANDO EL AVIÓN SE DA VUELTAS

Otro episodio aéreo inolvidable me pasó cuando un borracho viajó a mi lado. El pata ya había subido previamente zampado al avión y me hablaba y hablaba desde la sala de espera. Recuerdo que me dijo: «Comparito, ¿a ver tu asiento? Por ahí que nos sentamos juntos y nos vacilamos». Yo pensé: «Jamás este pata va a estar a mi lado, no creo ser tan piña», pero alcancé a ver su número de asiento en su boarding pass y sentí una corazonada. Ya no quería ni ver mi ticket. La vida me susurraba que este pata iba a ser parte de mi destino. Y si existen personas que me amen más que mi esposa, mis hijos y mi madre, son los borrachos. Dicho y hecho, con el pata hablándome en la oreja ingresé al avión y obviamente me tocó justo a su costado. Resignado, acepté mi suerte y, por más que buscaba asientos vacíos, todo el avión estaba repleto.

Me puse mi antifaz de arranque y mis tapones para los oídos mientras escuchaba a lo lejos al borracho hablar y hablar, a la vez que me tocaba el hombro a cada segundo y le decía a todo el mundo que yo estaba a su costado. Lo peor era cuando le decía a los demás: «Pídanle autógrafo, pídanle autógrafo». No hay manera de detener a un borracho. Nada. Pero estaba tan mamado que sabía que un trago más y se desmayaba hasta Lima. Y esa era mi esperanza. Así que me dediqué a esperar ese milagro mientras el borracho continuaba con su jarana.

Ni siquiera me tomé la molestia de ver a quién tenía alrededor. Solo me aislé de la realidad para impedir que el sujeto me siguiera molestando. Luego del despegue, la azafata, pensando que era mi amigo, le traía de todo. Pude ver más de veinte botellitas de whisky, gin, vodka y todas las miniaturas que antes te regalaban en los aviones. Y pensé: «Pasu macho, este pata no cae. Se está embalando más aún...». El tipo mezclaba todos los tragos, tiraba las goteantes botellitas vacías hacia atrás. Yo no quería ni mirar. Pedía servilletas, se sonaba la nariz y las tiraba hacia atrás. Su asiento era un basural. Y todo lo tiraba hacia atrás. Me parecía raro que la señora de atrás no se quejara. Además, inclinó de golpe el respaldar de su asiento y le derramó toda la gaseosa a la pasajera de atrás. Era un reverendo caos. Sentí que la vida me estaba pulseando para que perdiera los papeles y me peleara con el tipo. Solo faltaba que me vomitara encima. Hasta que al fin vi una mano llena de pulseras que se elevaba por sobre la cabeza del tipo y con una inconfundible voz escuché: «Oiga, oiga, ¿a usted qué le pasa?». La señora de atrás, llena de pedazos de servilletas despedazadas por todo el cuerpo, se puso de pie delante de él y lo encaró como nadie. Cuánto disfrutaba yo ese momento. Lo mejor de todo fue descubrir que la señora era nada más y nada menos que la congresista Luisa María Cuculiza en su mejor momento. La tía le dijo su vida al borracho y el pata no atinaba a nada. Las azafatas permitían la resondrada y todos disfrutábamos el increíble espectáculo de la Cuculiza destrozando al borracho malcriado que nadie se atrevió a parar. Me dijo: «Hijito, ¿podrías controlar a tu amigo?», a lo que yo le contesté: «Señora, ni lo conozco». Y el borracho: «¿Oe, oe, ¿¿¿quéeee???... Pedrito, Pedrito, oe...», y yo: «Hermano, discúlpate con la señora, le has tirado servilletas, botellitas, le has derramado su bebida encima. ¿Qué te pasa, compadre? Agradece que no te ha denunciado con el encargado para que te arresten bajando del avión. Date cuenta».

El borracho empezó a bambolear la cabeza con los ojos cerrados y me asusté porque pensé: «Se le viene el huaico». De solo imaginar al borracho vomitándome reí de nervios. Mi risa desconcertó a la Cuculiza, pero todo para mí era muy surrealista. Y ella dijo: «Oye, hijito, ¿qué tiene este señor? Ni que se le ocurra arrojar». Y dirigiéndose a una azafata: «¡Oiga, oiga, señorita! Este señor se ha descompuesto y mire cómo me ha dejado el asiento, un basural, y ahora quiere vomitar»... Parecía que estaba viendo un sketch de Carlos Alva- rez. Las azafatas volvieron con toallas tibias, hielo, miles de objetos. Sin coherencia alguna, sacaron la bolsa de papel del bolsillo del asiento para que el borracho vomitara. Hasta el piloto vino, porque sin duda le habrían advertido del conato de bronca entre la Cuculiza y el borracho. Naturalmente, yo estaba en la colada y tenía que explicarles a todos que no había venido con él. Porque todos tienen la primera impresión de que un borracho es obligadamente un músico de mi banda.

El borracho nunca vomitó, el sitio quedo hecho un muladar, y se durmió instantáneamente en plena discusión. El piloto regresó y la Cuculiza me dijo: «Hijito, si puedes, chequea que este señor no se vaya solo. Está muy mal». «OK, alcaldesa, o senadora, o ministra», no recuerdo qué le dije. «Muchas gracias y, aunque no tengo nada que ver, le pido disculpas por el mal momento». Ella me dijo que no me preocupara, que no era nada, que así era la vida a veces. Miró al borracho una vez más, como asegurándose de que ya estaba tranquilizado. Me miró y se fue a su sitio. Llegamos cuatro horas después a Lima. Despertaron al bo- 126 rracho para aterrizar y no se acordaba ni de que yo estaba a su lado. Se sorprendió, me pidió varios autógrafos y se dio cuenta de que la Cuculiza estaba detrás. También le pidió autógrafos, a lo que ella accedió amablemente, y nos fuimos felices. Luego leí que la política era la ciencia de evitar el conflicto. Definitivamente, sin tolerancia, por parte mía y de la Cuculiza, esa situación habría sido violenta y hasta hubiese salido en las noticias. Las maromas que uno hace para evitar escándalos. Realmente es una chamba.

El taxista

Hace poco, un taxi se puso delante de mí justo cuando acababa de dejar a mi esposa en su oficina y no me dejaba sacar el auto del parqueo. El agresivo chofer me sacaba la mano desafiantemente por la ventana cuando le tocaba la bocina, como diciéndome que esperara. Pero nadie subía y el tipo ni se movía. Me molestaba de solo pensar que le hiciera lo mismo a otros. Era una situación atípica, porque los taxistas con los que me he topado han sido siempre muy serviciales. Yo soy paciente, pero esta vez tenía ganas de bajarme e increparlo. Sin embargo, me exponía a una necia discusión, así que decidí esperar todo lo que el tiempo que él caprichosamente necesitó.

Sé que muchos pensarán que soy un tonto, pero cuando eres conocido el estereotipo de prepotencia y pedantería sobre los personajes públicos es una imagen asumida de antemano que siempre predispone a la gente antes que tú hagas nada. En pocas palabras, en caso de un escándalo, tienes todas las de perder. Así es si chocas, te chocan, no te dan el vuelto completo, la comida fría, lo que sea. Debes evitar que digan el clásico y automático: «¿Y este qué se cree?». Y eso me pasó en el avión. Esto me pasó con el taxista prepotente. Nada de bochinches. A aguantar y listo.

Jamming

La fama

Lo he visto siempre. La fama es la venganza para muchos marginados. Se cree que la fama te vuelve insatisfecho e infeliz, sin saberse que el problema radica en que todos los insatisfechos e infelices son los que la buscan. Cuando eres famoso porque tu obra gustó, es decir, a consecuencia del éxito de tu obra, la competencia más desleal proviene de los empeñosos, no de los talentosos. No hay mayor combustible para ser famoso que un complejo de inferioridad. Y de esos hay que cuidarse. Llegan lejísimos y a costa de todo.

La magia y la inteligencia

Si los magos actuaran ante quienes conocen los trucos, no se produciría magia. Porque mientras más maduramos, más realistas y raros somos. De jóvenes la ignorancia nos hacía creer en trucos lindos del amor, la paz, etcétera. No le veíamos las pitas a la marioneta y nos creíamos el cuento sin problemas. Con la edad, quieres que las cosas ocurran como las leíste en las novelas, como en las películas. Y nada es así. Nada es como lo imaginaste.

Me provoca hablar pensamientos. Es extraño. Nuestro rol ahora de grandes ya no es caer en esa magia del creer en lo maravilloso, sino en generárselo a los demás. A veces pienso que la gente muy inteligente nació finalmente para servir a los demás. Para crearles el mundo a los demás. Es una vaina. Lamentablemente, no damos para más. Verlo todo claramente no es muy útil que digamos. Y no es que no exista la felicidad, sino que la felicidad es muy simple y elemental. Si la piensas mucho, se escurre. Una mente muy amplia no la ve. Siempre la deja ir. La inteligencia y el conocimiento solo te complican. «El árbol de la ciencia —le decía Dios a Adán y Eva—. Aléjense de él».

SOBRE «LAS VERDADES»

La madurez no se obtiene con el tiempo: se nace con ella. Desde que tengo uso de razón los insensatos de niños lo son hasta grandes, y los sensatos y centrados de niños lo son hasta hoy. Hay gente madura e inmadura de nacimiento.

Pero ¿alguien entiende realmente lo que es la vida misma?

No estoy seguro. En este mundo no hay verdades, solo preguntas. Y las preguntas más difíciles de contestar son las que más adeptos tienen. Porque son tan largas que derivan en otras tantas minipreguntas, hasta que finalmente se vuelven teorías. Edificios de pura opinión bien redactada y nada más. Entonces, las que fueron preguntas se vuelven verdades. Por consenso más que nada. Porque el público, en general, debido a su complejo de ignorancia, teme y respeta a los científicos y los vuelve profetas. Solo te queda aprender a vivir con las teorías, departir con quienes piensen como tú y defender tu ideología.

Háganme caso: un taxista viejo puede saber más de la vida que un doctor en Filosofía. Pero el mundo no lo ve así y por eso está de cabeza. Se respeta el estatus más que las verdades. Los científicos se burlan de los creyentes y dicen que estamos aferrados a cosas improbables. No saben que la utilidad de las cosas comprobadas a las que ellos se afierran estará obsoleta en cincuenta años. Por eso, antes que certezas, prefiero creer en algo improbable que no cambia hace millones de años.

La felicidad en la gente complicada

Algunas personas son complicadas. Se suele calificarlas así porque tienen demasiado mundo interior y eso hace que siempre quieran ir más allá de la realidad. Ellas extrañan lo poético, lo bello, aquello que trasciende la ilusiones cotidianas, y por eso suelen ser personas muy soñadoras. Lo único malo es que siempre están buscando y su intelecto las hace indagar más de lo necesario. En ese trance, caen en el riesgo de no ser felices. Esas personas deben aceptarse y amarse, tal y como son, pues son así y así serán siempre. Esa gente me atrae, me encanta conocer a personas así, saber que aún existen en este mundo.

La suerte de la clase media

La gente de la clase media ama la vida. Yo soy de clase media también. Gente cálida. Los fríos se vuelven ricos. Así hagamos dinero por accidente o por suerte, nuestra esencia es de clase media: saludar a la señora de la panadería, caminar comiendo un helado, deberle al mecánico, esperar las seis para oír el alboroto de tu casa, pagar la luz, el teléfono, odiar el tránsito, limpiar tus zapatillas. Eso es vida. La gente siempre me dice pituco por haber vivido en San Isidro. No saben las veces que no teníamos dinero para nada. Nuestro único capital fueron las relaciones.

LA FRUSTRACIÓN

A veces nuestro cerebro no encuentra la brújula y va dando vueltas como en la más feroz montaña rusa. Nos frustramos y nos estancamos, en lugar de usar esa misma frustración para activar nuestra creatividad. En esos momentos, deberíamos avanzar, terminar las cosas, atravesar 134 periodos, pues todo se puede acomodar. A veces hay rabietas, amarguras o melancolías. Es así. La personalidad es más libre, más rebelde, más deforme, más fallada e imperfecta que lo que imaginamos.

¿ EL PERÚ ES POBRE O RICO ?

Es típico de la clase A-B de Lima un viajecillo a Chile en la edad universitaria. Te demuestra lo que es una nación sudamericana que venció su conflicto cultural o pelea por diferencias, y que avanza en orden y con una menor polución social que acá. Allá desapareció esa división tan nociva que retrasa a un país como el nuestro, en el que todos se pelean, nadie propone, todos quieren robar y, al final, el pueblo es el que sufre las consecuencias. Se ve en su fútbol. No se imponen normalmente ante el resto de países, pero contra Perú juegan de maravilla. No se dejan con nosotros por una cuestión de honor histórico y eso es digno de aprender. Nuestros padres en Lima nos criaron como en un sueño, con jeans Levis, televisión por cable, zapatillas Nike y colegios en inglés, lo que generó en nosotros una frustración muy grande cuando ya de mayores deseamos continuar con ese ritmo de vida y nos vemos en un país que no es así en verdad. Ese es todo el asunto, el paso del mundo irreal al real.

Últimamente se ha reducido, gracias a la salida de las penumbras en las que vivíamos antes, la sed de querer visitar a un país «desarrollado», como lo era Chile comparativamente al Perú en esas épocas. Hoy los peruanos tienen más posibilidades y recursos para disfrutar del mundo. Pero aún falta romper el maleficio del complejo. Es dura la falta de nacionalismo y eso nos hace «alucinar» con todo lo foráneo, así el Perú esté mejor que muchos países. Creo que el problema parte de la férrea división cultural del país. Más que cultural, la división de identificaciones. Unos se aceptan cholos y otros, no. No hablo racialmente. Hay un despectivo uso de esa palabra que daña mucho al patriotismo. La mitad del país no desea un estilo de vida oriundo, y a la otra mitad no le importa. De ese modo, ambos desarrollan sus vidas en caminos opuestos. Pero al final terminamos encontrándonos todos cuando sufrimos crisis económicas o políticas, porque somos finalmente ciudadanos del mismo Estado.

En la música es terrible. Creciste escuchando *blues,*

tomas clases de guitarra para ser un blusero completo. Sientes cercano ese estilo, te lo pasan por televisión, lo entiendes, hablas inglés, tus amigos del colegio también lo disfrutan, pero no sabes que te estás metiendo en el folclore de otro país. No sabes que estás desaforando realidades. De ahí parte todo el problema. Pues si no existiera esa actitud despectiva a lo peruano oriundo por considerarlo no desarrollado, disfrutarías del *blues*, pero no te identificarás con él como quien adopta una nueva nacionalidad. Este fenómeno es común en todos los países, pero en el Perú es peor. El humor peruano en radio, noticieros, revistas, programas de concursos, de espectáculos, de humor o deportivos, está basado hace años en la ridiculización de lo que no tiene clase, de los peruanos feos, de la burla hacia quien luzca graciosamente marginal. Yo admito, como todos, que me he reído con eso, pero hay que indagar el origen de ese detonante, y creo que es que sentimos ridículo lo peruano con fealdad. Ese detalle no es la causa, ojo, de la falta de identificación peruana. Es una consecuencia de un mal mayor, que es la división. No hay racismo en el Perú, hay un clasismo muy marcado. Cuando he dado entrevistas a E! Entertainment Television, que tiene su base latinoamericana en Caracas, me explicaban mis amigos venezolanos que los países que han tenido virreinato adolecen de un clasismo severo. Me pareció interesante la observación, aunque nunca me detuve a afinar mis investigaciones al respecto.

Ahora, toda esta reflexión debería servir para algo. Volviendo al tema de la enajenación del peruano, de ese gusto por lo foráneo, ¿aprenderemos de esta lección cuando tengamos nuestros hijos? ¿Los educaremos tan fuera de la realidad como lo hicieron con nosotros? No es fácil aceptar la realidad peruana y menos dársela a nuestros hijos. Todos nos damos cuenta de la verdad, pero igual la maquillaremos para ellos. Ahí está el círculo vicioso de la frustración juvenil peruana. Todos debemos saber y entender que vivimos en un país muy particular, donde un Perú acomodado está tratando de sobrevivir dentro de un Perú austero, y donde cada vez resulta más difícil mantener esa ficción de un Perú miraflorino, o de La Molina o Villa. Lo peor es que esa ficción es nuestra realidad. Entonces no es tan ficción, pero a los que no viven así les duele y así empiezan los cólicos en el alma del país.

Templarse

No hay nada peor que proponer matrimonio sin saber realmente si te aman. La propuesta debe venir de la mujer, no con palabras, sino con hechos. Y una vez que el hombre detecta esa realidad, pues recién propone y sale ganando. De otra manera ocurren infortunios. El ansioso crea presión, y eso es nocivo porque la contraparte —más si es latino o latina— no sabemos decir no. Nos da pena y mecemos y mecemos y hacemos daño.

El amor romántico no es más que un juego de necesidades. Un juego de saber crear vacíos para que el otro te extrañe. Un juego de acostumbrar a dar cariño y luego quitarlo, para así desequilibrar al otro y lograr que este te empiece a necesitar. Quien aprende eso, y aprende a no debilitarse demasiado, a no darse demasiado, se hace necesitar y, aunque suene a un confuso trabalenguas, el equilibrio de necesitar y ser necesitado aparece. Las tensiones amatorias se igualan, se afinan. La cuerda se tiempla y se produce el sonido del amor en ambas partes. De ahí viene la palabra *templarse*. Entonces así, el «amor» ocurre, y con él la felicidad, la plenitud.

La mejor llamada es la que no se hace

Si no eres ansioso, eres de los que recibirán propuestas. Los gringos le llaman a eso ser *cool*. Lamentablemente, no hay traducción exacta en español para esa palabra que explica tan bien el perfil de quien es estable emocionalmente. Los gringos saben del poder que te da no ser ansioso. La soledad perturba más que la falta de trabajo. Quien te sepa jugar al vacío te hará extrañarlo. Y esa es la gente no ansiosa. No se debilitan como tú con su propio carácter. No se desesperan. Pero como sin amor no se puede vivir, se puede inclusive con disciplina aparentar no ser ansioso y conquistar a la persona más *cool* que exista.

Todo es posible negándote impulsos delatadores. ¿Te mueres por llamarla? OK, llámala, pero no tantas veces. Y si la sientes poco emocionada, pues no llames en un buen tiempo, no te expongas. A veces la mejor llamada es la que no se hace.

Hay que correr el riesgo

No le temas al riesgo de meter la pata. Métela con gusto. Vive más y no te preguntes tanto, acomódate a lo que hay, que el tiempo pasa y a veces por exquisitos dejamos pasar muchas cosas. Por eso, como dice el dicho, si del cielo te caen limones, aprende a hacer limonada.

Jamás olvidaré la respuesta que recibió una amiga mía cuando le preguntó a su padre si le parecía bien que ella se casara luego de que su enamorado le propusiera matrimonio. El padre le dijo: «Hija, así te cases o no te cases, igual te vas a arrepentir. Así que, cásate nomás».

La ira, esa terrible tentación

Ser conocido es bonito si tienes paciencia con la gente y si sabes aceptar críticas buenas y malas. Debes tener mucha inteligencia emocional, es decir, razonar a pesar de las emociones bellas o feas, y no cansarte de saludar a todos. En este oficio los defectos hacen más noticia que las virtudes, y es cruel ver cómo tus logros no repercuten tanto como tus caídas. Pero me gusta o, mejor dicho, me sirve. Siendo conocido puedo transmitir con más facilidad mi obra y eso es suficiente. Tengo una esposa excepcional, es una persona de una calidad que no creo yo pueda alcanzar jamás, de las que no aparecen dos en la vida. Es realmente bella, física y espiritualmente. Tengo una comunicación total con ella en lo personal y en lo sexual. De hecho, es realmente sexy. Por eso es que me siento muy capaz con las mujeres sensuales, vivo con una y siento que mi naturaleza me hace conectar con ese tipo de mujeres siempre y rápidamente.

Mucha gente casada, sobre todo mujeres, me dicen con el típico acento limeño: «Qué líiiindo tu matrimonio... Qué felíiiices se les ve... Quisiera tener esa suerte». Lo que no saben es que el matrimonio es igualito para todos. Con los mismos problemas y crisis. Solo los diferencian las reacciones de la pareja ante estos problemas. Unos reaccionan violentamente, otros pacíficamente, y ahí empiezan a diferenciarse los matrimonios que van a durar de los que no. Es una pena que el carácter sea tan determinante en el desarrollo de un matrimonio. Pero incluso con caracteres complicados he visto personas que a punta de inteligencia optan por no continuar discusiones, ni agredir, ni tener conductas incoherentes, y así librarse de la tentación de contestar o actuar mal.

Todo se resume en elegir ser feliz. Es difícil, pero con un poco de astucia puedes presentir qué reacción tuya va a ser productiva o destructiva. La felicidad se construye pensando en tus pasos. La vas encontrando, evitando hacer cosas que compliquen tu mañana.

VIVIR EL PRESENTE

Sale adelante en la vida no quien en las malas se acuerda y añora los buenos momentos, sino quien en sus buenos momentos se acuerda de los malos. Solo así se aprende a amar el presente. No hay nada de qué lamentarse en esta vida, pues todo deja una enseñanza y por eso todo es bello al final. Todo lo que nos ocurre son piezas que terminan haciendo ese rompecabezas llamado presente.

El pecado que mora en mí

Todo talento tiene sus vacíos. Es una regla de la vida, una regla de compensación. La gente más buena te sorprende terriblemente con sus fallas. Jamás las sospechabas. Es mejor lucir normal, no generar tanta expectativa optimista. Recuerda que somos humanos. Puedes cometer actos insospechados, sorprendentes, locos, inmorales, traviesos, idiotas, lo que quieras, muy de vez en cuando. De ahí cuando dicen: «Quien no comete una locura de vez en cuando no es tan cuerdo como parece». Por otro lado, se ha vendido la idea de que la vida es actuar y que la perfección es mantener en reserva, sin que nadie sepa nuestros actos raros, imperfectos. Se cree que el camino es fallar en secreto para alcanzar el no fallar.

Lamentablemente en esa aparente excusa se encubren muchos oportunistas. Yo creo que la famosa fiase «no hay crimen perfecto» no es tal. Si te equivocas, no te va a ir mal. Pero si ese error lo vuelves hábito, entonces, tarde o temprano, por teoría de las probabilidades, serás descubierto. La palabra crimen encierra entonces obligatoriamente una suerte de oficio o hábito, ya no de error.

¿Qué quiero decir con todo esto? Pues nada, que finalmente sean buenos, pero también luzcan humanos. Que no haya una expectativa cien por ciento optimista sobre ustedes. La hay sobre mí y es muy difícil del llevar.

Mi hermano tiene frases increíbles y no olvido una de sus mejores: «El pesimista no es más que un optimista bien informado».

CONSEJITOS DE AMOR

Trata de ser un poquito más boba, aunque sea en apariencia, y las cosas se te van a acomodar. No tengas confidentes, no los tengas, eso te va a hacer autodespreciarte, porque ellos jamás te contarán sus peores cosas. Intoxica el alma que alguien más sepa tus lados en desarrollo. Eso es para ti y debes evolucionarlos sola. Háblalos con Dios, así te suene antiprofesional. Y en el amor en realidad es difícil encontrar alguien con tus mismas intenciones. Porque, aunque no lo creas, solo se atraen las personas con intenciones opuestas. Es un azar inexplicable que hay en la vida, pero que es real. Me encanta dialogar o analizar preguntas con respecto a eso. Amo el amor, pero me cuido mucho de él por los espejismos, del mismo que abundan en el mundo. A veces no vemos mal que un amigo o amiga deje a su pareja por otra persona. Pero si somos nosotros los abandonados, juzgamos de crueles para abajo a quien nos deje. Ese, por ejemplo, es un punto interesante: cuando es ajeno el incidente de ruptura lo vemos justo y normal, pero cuando nos toca sufrir el mismo caso no pensamos así. Eso es producto de la posesividad, y esta lo arruina todo.

El inequívoco origen de las rupturas

Cuando la burbuja de la ilusión se rompe, el amor también se parte en dos. Ocurre cuando se descubre algo decepcionante. Aunque *descubrir* no es la palabra exacta: cuando se termina la ceguera, cuando termina la etapa del enamoramiento, pues vemos cosas que antes no notábamos. Estábamos como ciegos. A veces pienso que el amor es una mitomanía de dos que se debe alimentar y robustecer evitando que interfieran verdades crudas que bajen a tierra la ilusión y desinflen la fantasía romántica. Por lo general, el primer síntoma de que estás enamorado es creer repentina y firmemente que esa persona es distinta del resto. Ahí ya volaste de la realidad, rompiste el realismo, caíste dentro de la burbuja de la ilusión. Los experimentados, por lo habitual gente madura, saben que cuando se enamoran asumen en ese alguien nuevo una calidad humana que en realidad no es tal. Y lo toman con calma. No me refiero a que no sean buenas personas estas nuevas ilusiones, sino a que nadie es perfecto. Todos caemos en egoísmos y petulancias cotidianas, pero mientras nos enamoramos no aceptamos que esa nueva persona tiene esas características. No lo esperamos, y cuando tarde o temprano surgen nos rompen el corazón.

En el escenario del enamoramiento esas verdades, o defectos que todos tenemos, quedan anuladas. Manda el embobamiento total basado en la idea de que el otro es un ser mágico, único. Asumimos con toda convicción que nadie más les va a gustar además de nosotros en toda la vida, o que siempre nos van a necesitar con la obsesión de los primeros meses, o que el sexo va a ser tan alucinante como el de las primeras noches, o que se van a derretir siempre con los tontos detalles nuestros que al principio les derretía. En el momento del flechazo brotan dos tendencias contradictorias pero ineludibles: una es la genuina aparición de la atracción y el afecto, y la otra es la aparición de una fantasía que quiere anestesiar todos los defectos del otro. Ambos factores crecen al unísono. Hasta que el segundo, la fantasía de creer que el otro es perfecto, no da más y cae. Esto es de esperarse, porque nadie se enamora de un dios. Uno se enamora de un ser humano. Esto afecta la atracción y el afecto. Por eso nunca caen mal las palabras típicas de los abuelos cuando dicen: «Piensa bien antes de estar con alguien». Lamentablemente, tardamos un mínimo de treinta años en darles la razón.

La gente inteligente que mantiene relaciones largas sabe alargar el cuento de la ilusión. Sabe tener conductas especiales solo con su pareja y esconder ante ella cualquier conducta decepcionante. Aun teniéndolas. Yo, por ejemplo, digo lisuras con mis amigos y la gente en general, pero jamás con mi pareja. Y de seguro ella las dirá también, pero jamás conmigo. Ese tipo de acuerdos impiden que la realidad abrupta y tosca resquebraje la ilusión que se debe mantener entre dos, para que el amor romántico no pierda piso. Cuando nos enamoramos, nos convencemos de que esa persona jamás nos va a traicionar. Hay otras parejas que se desnudan solo para hacer el amor y así muestran su desnudez solo en momentos especiales. Yo no llego a tanto, pero entiendo perfectamente la intención y creo que, de hecho, debe funcionar. Otros, más radicales, duermen en camas separadas. Esto sí es algo que no entiendo, pero que respeto, porque no afecta para nada su relación matrimonial.

A lo que voy con todo esto es a que la aparición de una verdad en el amor es finalmente el descubrimiento de algo que no sabías. Tarde o temprano en una relación uno o el otro calla algo. Esto lo descubre el otro y se decepciona. Puede ser una mentira, un secreto no revelado, una infidelidad o, siendo más drásticos, la confesión de que ya no te aman, cuando pensabas que sí. Una vez más la verdad lo rompe todo. A veces es uno mismo quien decepciona al otro, pero da igual: la cosa es que así terminan las relaciones de pareja en la vida. Y si el motivo que te dan es que no aguantan tu existencia, pues la verdad es que nunca la soportaron y te lo ocultaron todo el tiempo hasta que ya no pudieron fingirlo más.

El amor romántico es un acuerdo de compañía, de gozo espiritual y físico. Tu cuerpo es mío y el mío es tuyo, pero la individualidad humana suele traicionar ese ideal cuando de pronto, tarde o temprano e involuntariamente, actúas solo para ti, o, mejor dicho, eres tú con toda autenticidad y eso hiere al otro.

Después de haber compartido todo esto, creo que la frase que mejor explica al amor es una que dice: «Nadie nació para entender a nadie, y si alguien cree que se entiende con alguien es que hubo un malentendido».

Profecías

En la universidad, hace más de veinte años, cuando solo había cuatro canales de televisión en Perú, leíamos en la facultad de Ciencias de la Comunicación algo que sorprendentemente hoy viene ocurriendo. Es decir, la televisión por cable, los *realities* y el internet. Todo en esa época eran telenovelas, series como *Miami Vice*, y el furor de MTV. Los autores que nos mandaban leer, como Umberto Eco y otros genios, pronosticaban el fin de los medios masivos y el inicio de los medios especializados. Yo leía y leía estas separatas y libros, y no imaginaba de ninguna manera a qué se referían. No podía visualizar que el receptor pudiera escoger sus mensajes. Podías escoger qué programa o canal ver, pero finalmente veías lo que los pocos canales decidían que vieras.

Era 1988, no se conocía en el Perú el internet, ni los realities, ni los canales especializados, salvo MTV, por los extractos de su programación que pasaban aquí los programas musicales. La explicación sobre los «medios especializados» era imaginable y entendible, hasta la parte en que hablaban de la posibilidad de que algún día el televisor nos «obedeciera» y nos mostrara solo las cosas y temas que el televidente personalmente elegía.

En su momento, hasta me ofendió que nos hicieran leer cosas tan absurdas. Me sonaba a esos tangazos que nos metían los noticieros con notas científicas especulando sobre el futuro. Sin embargo, ese televisor que los expertos mencionaban que en el futuro te iba a contestar todo, y eso incluye todos los temas reales y ficticios posibles en formato de video o textos, es la computadora. Y esto es alucinante, ¿no? Y quise recalcar esto en este apunte porque todo ese vaticinio, pronosticado cuando era un estudiante, estaba basado en una sola idea: «Todo lo que el humano imagine tarde o temprano se construirá». Una vez más, mi carrera me sigue impresionando.

El enamoramiento del rechazado

El que da la patada siempre deja enamorado al otro.No por amor verdadero, sino porque el shock que sufren los abandonados los deja sin piso. Este nuevo sentimiento no es amor realmente, es una psicodependencia producto del maltrato. Es una reacción ilógica muy común. Abandonar a alguien me genera muchas culpabilidades, sobre todo si no te hicieron nada malo. Recuerdo cuando dejé a mi enamorada y no podía dormir. Lloraba y la llamaba a preguntar cómo estaba, si se sentía bien, si necesitaba algo. Luego me empecé a preocupar por si conseguía un buen novio. No volví a cortar con nadie nunca más. Una noche mi hermano me oyó sollozando por ella, y me dijo] 47 que por qué no regresaba. Le respondí que la extrañaba, pero que ya no teníamos futuro, porque los sentimientos habían cambiado. Lloraba por el sufrimiento de ella. Me sentía un idiota y envidiaba a la gente que dejaba a sus parejas sin ningún remordimiento. Fue muy duro y prometí no volver a pasar por eso. Y no lo volví a pasar más.

Qué es la realidad

La realidad verdadera es lo que llevas dentro. Lo que te rodea, esa realidad física, no es más que una ilusión. Porque es pasajera. Porque todo está de paso. Lo único eterno es lo que llevas dentro, lo que sientes. Es lo único que cuenta. Lo único que te puedes llevar a todas partes. Tu propio universo, donde realmente vale la pena que existan cosas que amas. Ellas le dan sentido a tu vida. Por ejemplo, tu infancia. Ya no existe nada de ella, pero ella existe en ti y jamás desaparece. Quien se apoya en lo de afuera no se apoya en nada fijo. Por eso existen los psicólogos, porque ellos sí valoran las realidades que el resto considera inexistentes. Y tratándolas te curan de muchos males.

La importancia del no saber

El «saber» no me importa, me importa el «creer». Es más intenso, más profundo y más eterno. Dios, por ejemplo, es genial, no deja que nadie sepa sobre El, solo 148 deja que crean en Él, así es más inmenso. Así trasciende más. Como el amor. Lo bueno de la vida es que puedes escoger qué creer. Hay igual cantidad de razones para creer que eres feliz como para creer que no. El secreto de la felicidad en la vida es simplemente la capacidad o libertad de poder escoger en qué creer: esa es la vida, tú eres dueño de ella. Tú decides.

LO BUENO Y LO MALO PEDALEAN EL AVANCE DE LA VIDA

Las cosas terribles pasan no porque la vida, el azar, lo que fuera, las genere, sino porque de esas cosas —al igual que de las cosas buenas— surge la vida. Surgen nuevas conclusiones, cambios, se desarrolla la cultura. Los problemas, las tragedias, dirigen el destino. No al revés. Es igual que como en el amor, lo bueno es para disfrutar, relajarse, pasarla bien, compartir. Sin embargo, lo malo, nos hace atravesar etapas, cruzar niveles, madurar, llegar a encontrar la persona ideal.

El fracaso enseña más que el éxito, eso es sabido, y las tragedias no son para entenderlas, son para aceptar que el universo es así, absurdo. ¿Acaso no ven cuando las hienas devoran viva a una cebra? ¿Cuando los buenos se enferman sin haber tenido vicios? ¿Cuando el amor se va por haber amado mucho? Esa es la vida, la que no sale en las películas, la que no enseñan en el colegio. El secreto es aceptar y confiar, no entender.

Esta vida, el universo, fue creada por una mente mucho más grande que todo. Jamás entenderemos las razones de lo bueno y lo malo que ocurre en ella. Mi conclusión es que al final todo es un mensaje para el alma, para que se fortifique y sepa que, a pesar de todo, el sol sale mañana de nuevo. Suena fácil y no es así, lo sé, pero no hay otro camino. Aceptar y confiar es la única vía para no odiar permanentemente.

Todos vivimos lo mismo

Lo que se hace dudando siempre sale mal. Si las tentaciones son dubitativas, pues hay que hacer lo mejor: no hacer nada. No hay por qué arrepentirse del pasado aunque lamentes no haber hecho ninguna travesura. Porque hasta las cosas malas necesitan que estés cien por ciento decidido; si tambaleas, te revientan en la cara. Quien ha vivido poco, quien casi no ha tenido aventuras amorosas, sacando cuentas, ha amado y conocido exactamente lo que todos amamos y conocimos al final. Es decir, quien conoció a mil o quien conoció solo uno o dos seguramente recordará solo a uno o dos. El cuerpo puede experimentar mucho, pero en el recuerdo —que es lo que se lleva siempre— no hay lugar para más de uno o dos.

Quien solo amó a una persona en su vida carga los placeres, sentimientos y satisfacciones que cargan las mismas personas que amaron a veinte. La vida se cuela al final y solo queda el oro. La vida es la misma para todos. Porque en el alma no caben experiencias, solo caben verdades. Y las verdades en la vida siempre son muy pocas.

El placer de gustar

El idilio o romance contiene obligatoriamente el placer de gustarle a alguien que te cae bien. Eso es todo y esa es su pequeña esencia, ni más ni menos. La tentación de gustarle a quien te interesa es perenne e ineludible, y es el triunfo de la atracción: que no solo ella te guste, sino tú a ella.

Los problemas son saludables

Todo cansa en esta vida, hasta la felicidad, me dijeron una vez. Y no lo entendía. Parecía que hablaban mal de la felicidad, pero no era así. Solo era una pequeña hipótesis de que el encanto en la vida es sufrir un poco para regresar a la paz y valorarla. Los momentos de infelicidad son el combustible de la felicidad. En lo personal, me gustan las relaciones largas con todos sus defectos y repentinas pero momentáneas faltas de adrenalina. Al final es lo mejor. El test del tiempo siempre arroja que es mucho más satisfactorio lo que obtienes de relaciones largas robustecidas a causa de los problemas y sus maravillosas reconciliaciones, que lo que te pueden dar los fragmentados y espaciados fogonazos de la soltería.

Consejos para el novio

Deja el amor y el sexo de lado. Por supuesto que deben existir, pero no debe ser el eje, porque eso sube y baja y puedes sacar conclusiones erradas, y puedes creer que tu matrimonio se acabó, cuando simplemente tuviste una baja pasional, algo completamente normal. No midas el éxito de tu matrimonio sobre la base de la pasión. El erotismo se gasta —como el dinero— y lo necesitarás toda la vida. De nada sirve la potencia sexual sin erotismo. Hay tiempo de sobra. Tranquilos. El matrimonio debe ir de menos a más, no de más a menos. Sexo y dinero se cuidan, se ahorran.

La meta no son ustedes, mirarse a los ojos y tortolear, porque eso acaba en divorcio. La meta es construir, emprender, planear, amoblar la casa, soñar, sufrir por falta de plata. Eso es bello y los une intrínsecamente. Crezcan, tengan hijos, llévenlos al colé, preparen loncheras, vean tele juntos, planeen cositas nuevas para la casa, escojan de a dos.

Si tienes tentaciones, no te asustes. Nervioso o psicótico, no podrás manejarlo y le agarrarás rabia a tu relación, pensarás que te estás reprimiendo, que eres infeliz. Manéjalo con tranquilidad, no será la primera ni la ultima vez, y piensa en el proyecto que tienes con tu cónyuge, en el valor que eso tiene, y ahí solito el cielo se aclarará y todo se nivelará. No entres en conflictos contigo mismo, no te odies por sentirte tentado o tentada, manéjalo con tranquilidad, acéptalo. La segunda vez que te pase verás que no hay nadie especial, descubrirás que la vida está llena de espejismos.

El misterio de la química

La vida trae cosas que nunca queremos compartir con los demás, pues traerían incomprensión y condena. La vida es una gran obra en la que actuamos mostrando nuestro lado más civilizado, guardando ciertas posturas para no perder la aceptación del resto. La vida está llena de relaciones que salen de la nada. Así es la química, que es lo único que ocurre en el mundo sin causa anterior. Yo le llamo la varita mágica de la madre naturaleza. Y se nota viendo cómo la confianza nunca aparece progresivamente. Se da o no se da. Unos le dicen química, otros le dicen suerte, yo ya no digo nada.

TIP PARA AVERIGUAR QUÍMICAS

Creo que la química se da siempre a pesar de las palabras. Es decir, cuando alguien te dice cosas que te interesan es porque hay química, no porque realmente te interese lo que diga. Al menos yo creo eso. Recuerdo un ejercicio muy simpático que jamás fallaba. Consistía en contar números al oído de una chica que hace poco habías conocido. Increíblemente no retiraban el oído. No creo que eso te aguante una pareja con la que tienes diez años. La novedad genera el espejismo de química más grande de todos. De ahí el peligro de su pronta desaparición.

TODO ACABA EN AMOR

Las relaciones estrictamente basadas en sexo no existen. En cambio, sí existen las relaciones que empezaron a través del sexo, como también pueden haber empezado de otra forma, a través de la ternura, comprensión, admiración, hasta por pena. En mi caso he tenido también relaciones basadas puramente en sexo, las que generaron en su momento una caída sentimental de una de las partes, una caída que se manifiesta en que te piden o demandan, o pides y demandas, de pronto, una actitud más tierna, detallista, cariñosa que la otra parte no entiende. Ahí empieza el fin.

O también se produce el fin de la novedad, de la curiosidad, de lo furtivo en una de las partes y te deja de emocionar el asunto. Muchas veces el desprecio genera aprecio, y quien abandona deja enamorado al otro. Es un misterio de la vida muy extraño que quien sabe aplicarlo consigue hacerse inolvidable. Hay que recordar que no existen jamás dos con el corazón roto, es solo uno.

Pero esa experiencia es la más necesaria en la vida. Te enseña a manejar los ritmos y ciclos de las relaciones humanas, y te lleva de la mano a poder saber exactamente qué quieres y encontrarte con una persona de similares vivencias. A partir de ahí ya puedes ser feliz en el amor, sin miedos a que se pase la pasión o el deseo, o como quieras llamarlo.

El sexo es secundario

Dicen que la vida sin sexo es la vida de verdad. No lo creo, pero recuerdo momentos increíbles en mi etapa presexual, cuando, con una radio nueva, en la playa, con mi gato o comiendo un pastel, alcanzaba la plenitud y no necesitaba más.

EL CONFLICTO DE LA IGUALDAD SEXUAL

Solo he visto la igualdad sexual en Europa. Ni siquiera en Estados Unidos. Y los hombres que reclamábamos igualdad sexual desde niños, que buscábamos a esa mujer que solo tuviera ganas como nosotros de experimentar, cuando la encontramos sufrimos mucho con su independencia y su capacidad de tener encuentros sexuales sin compromiso alguno. Los hombres latinos estamos atrapados entre la necesidad de conocer mujeres liberales y el no poder evitar enamorarnos posesivamente de ellas. Esta melcocha cultural tan internamente conflictiva se da en todo ámbito latinoamericano. Política, deporte, cultura. Tenemos muchas tendencias contradictorias, que al final solo nos generan resentimiento.

LA LITERATURA Y EL CINE MALOGRARON EL MUNDO

Jesucristo y todos los profetas anteriores y posteriores enseñaron un amor hacia los demás sin importar condición ni situación. Amar socialmente, ser bueno, hacer el bien. El amor como eje para todo y para todos. El cine —antes la literatura— llamaron amor solamente a la cuestión idílica, hormonal, psicodependiente, apasionada, personal, hombre-mujer, tortoleo puro. Y lo jodieron todo. Hicieron que todos nos sintamos infelices si nuestra relación de pareja no tenía el feeling de

Romeo y Julieta o Titanio. Pero la visión estrictamente romántica, apasionada del amor, no es la real, ni la duradera, ni la que se vive en la vida. Solo se siente en el momento de la atracción cuando alguien te encanta, y a eso debemos jugar posteriormente para que se repita y repita a pesar de los años. Pero eso, aunque placentero y motivante, aún no es amar. Amar no tiene síntomas, pero enamorarse sí. Por eso las mariposas en la barriga del «enamoramiento» solo son espejismos de algo que puede ser o no ser. No es seguro como el amar, que es tranquilo, medio tonto, pero profundo y eterno.

Sueño y destino

Me escribió un amigo que consiguió trabajo en Islandia, qué situación más difícil. Él me estima mucho y siempre me asombró su buen humor, a pesar de las cosas duras de la vida. Justo me llegó su correo y me sorprendió una observación suya: «Me adapto donde sea. El único problema es que nunca siento haber llegado. Siempre me siento en camino». Dio en el clavo. «Esa» es la sensación eterna que todos tenemos. De ir siempre hacia algo, en camino, en trayecto, casi casi, pero nunca consiguiéndolo. ¿Y saben por qué? Porque somos soñadores de sueños que creemos saber qué son, pero que en el fondo no tenemos idea de qué son. Hay una canción de los Sex Pistols que dice: «No sé qué quiero, pero sé cómo conseguirlo». He ahí el misterio de la eterna inconformidad. Nadie sabe qué quiere, pero siente que quiere algo y que todavía no llega. Toda esta confusión nos debe llevar a abrazarnos del presente y disfrutarlo como sea posible, en vez de estar alucinando y alucinando sin rumbo. Por eso, el siempre caprichoso e inesperado destino es lo mejor que nos puede pasar. No hay más opciones. La esencia de la vida es resolver. Si no sientes que estás resolviendo cosas o yendo hacia tus sueños, pierdes la noción de la vida. Mientras más demore, más ecuanimidad y felicidad sentirás. Alcanzar lo que deseas tempranamente muchas veces no es bueno. Luego no hay nada después.

El origen del entendimiento

El encanto es la madre de todo. Que si es cierto o no, si es real o no, se ve con el tiempo. La gente o te simpatiza o no te simpatiza. Lo que se conversa después es solo parte de la aproximación para establecer confianza. La gente hablando en el fondo es ruido químico. Parece que los contenidos son lo que importa, cuando lo que hace parecer interesantes los contenidos, o les da sentido a las palabras, es puramente el simpatizar.

Péndulo

Todo satura. Tanto las relaciones como la soltería. Sin embargo, necesitamos hastiarnos siempre de uno de esos estados para necesitar urgentemente del otro. Es el péndulo de la vida, cansarnos de lo nuevo y regresar a lo viejo, para nuevamente desear lo nuevo y así sucesivamente. Dormir-cansarse, dormir-cansarse, etcétera. Compromiso sin compromiso, compromiso sin compromiso, etcétera.

La etapa antipareja es necesaria para volver a estar con 1 57 otra pareja. Pasar de una pareja a otra sin hacer espacios es un error, es sucio, es traicionero y, lo peor, no deja que uno se conozca, no deja que estés contigo a solas. Postergas el conocerte todo el tiempo, el saber quién eres, y no llegas a ningún lugar.

EL CIRCUITO DEL AMOR

La base de una relación exitosa entre el hombre y la mujer es que el hombre esté bien con la vida. Eso le da un aura especial, lo vuelve un macho alfa. Es decir, ninguna mujer quiere estar con un deprimido. Es instintivo, es natural, es lógico. Sin embargo, los hombres no tenemos problemas en excitarnos con una mujer desempleada o deprimida. Si son nuestras parejas y ellas están decaídas, eso no nos hace vulnerables a otras mujeres. Ese circuito no puede ir al revés. El hombre que ama a la mujer más que a la vida es muy meloso y harta a la mujer. La mujer que ama al niño más que él a ella crea un malcriado insolente. Alguien me dijo: «Las mujeres son como las abejas. Jamás se posan en flores secas». Por eso el ciclo del amor es: el niño ama a la madre, la madre al hombre y el hombre a la vida. Cualquier cambio de sentido es fatal.

La vida es la misma para todos. Porque en el alma no caben experiencias, solo caben verdades. Y las verdades en la vida siempre son muy pocas.

ÍNDICE

Este libro se terminó de imprimir
en los talleres gráficos de
Quad/Graphics Perú S.A., Av. Los Frutales 344
Ate, Lima
Agosto de 2013